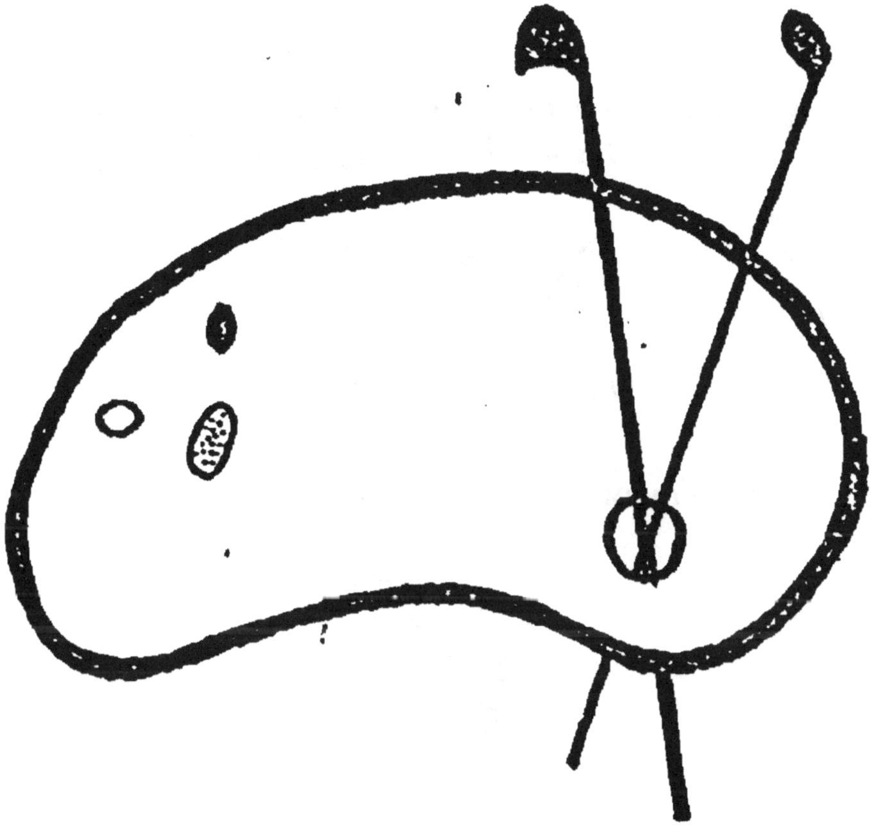

**COUVERTURE SUPERIEURE ET INFERIEURE
EN COULEUR**

COLLECTION SAINT-MICHEL

LE RAMEUR DE GALÈRES

PAR

RAOUL DE NAVERY

QUATRIÈME ÉDITION. — DEUXIÈME TIRAGE.

PARIS

G. TÉQUI, LIBRAIRE-ÉDITEUR

DE L'ŒUVRE DE SAINT-MICHEL

6, RUE DE MÉZIÈRES, 6

—

1877

EXTRAIT DU CATALOGUE St-MICHEL

62	**Capitaine Gueule d'Acier (Le)**, par Charles BURT. 1 vol. in-12............	2 »»
63	**Enfants Nantais, (Les)** par G. D'ÉTHAMPES. 1 vol. in-12...................	2 »»
64	**Lettres à un jeune homme**, par E. DE MARGERIE. 1 vol. in-12..............	2 »»
65	**Madeleine Miller**, par RAOUL DE NAVERY. 1 vol. in-12....................	2 »»
66	**Marie la Muette**, par G. D'ÉTHAMPES 2ᵉ édition, 1 vol. in-12.............	2 »»
67	**Marquis de Montcalm, (Le)** par le R. P. MARTIN, de la Cⁱᵉ de Jésus. 1 vol. in-12......................................	2 »»
68	**Morale Chrétienne (La) expliquée par un père à ses enfants**, par M. MIGNARD. 1 vol. in-12..................	2 »»
69	**Ouvrier Vendéen (L')**, par PAULIN. 1 vol. in-12.........................	2 »»
70	**Paul et Cécile**, par M. Ch. DUBOIS in-12.	2 »»
71	**Paul et Jeanne**, par le même in-12.	2 »»
72	**Piété éclairée (La)**, par le R. P. COTEL de la Cⁱᵉ de Jésus. 1 vol in-12.........	3 »»
73	**Rue des Poivriers (La)**, par E. de MARGERIE. 1 vol. in-12.............	2 »»
74	**Témoin du Meurtre**, par R. DE NAVERY. 1 vol. in-12.........................	2 »»
75	**Vraies Perles (Les)**, par Mᵐᵉ H. LESGUILLON. 1 vol. in-12....................	2 »»
76	**Du pape**, par DE MAISTRE, 1 vol. in-12.	2 »»

Paris. — Imprimerie Saint-Michel. — Apprentis de Saint-Nicolas. — 92, rue de Vaugirard.

LE RAMEUR
DE GALÈRES

Paris. — E. DE SOYE et FILS, imprimeurs, place du Panthéon, 5.

LE RAMEUR
DE GALÈRES

PAR

RAOUL DE NAVERY

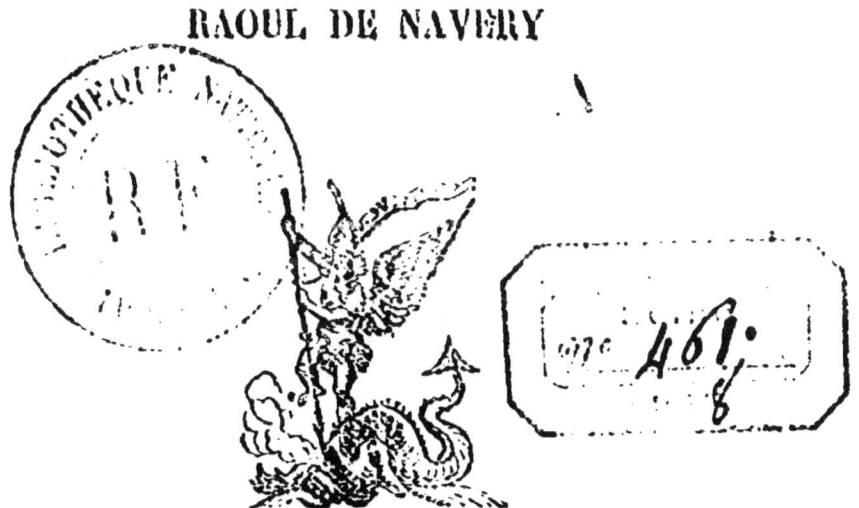

PARIS

G. TÉQUI, LIBRAIRE-ÉDITEUR

6, RUE DE MÉZIÈRES, 6

—

1877

LE RAMEUR
DE GALÈRES

LE CAISSIER DE LA MAISON RAMEAU

La maison Rameau était regardée, en 1619, comme une des plus considérables de la ville de Cette. Elle faisait des affaires avec toutes les parties du monde, et le nom des négociants qui, depuis deux siècles, étaient à la tête du commerce de ce petit port, jouissait d'une juste renommée.

Jean Rameau, huitième du nom, et qui aurait pu fournir une longue généalogie d'aïeux, marchands comme lui, soutenait dignement l'honneur héréditaire de la famille. Il avait fait du commerce, d'abord une nécessité, ensuite le but et la joie de sa vie. Il était généreux, et cependant il aimait le gain, et calculait ses profits avec satisfaction. Il est vrai que, plus d'une fois, des hommes placés par suite d'une faillite ou d'un malheur dans une situation douloureuse, s'étant adressés à lui, Jean Rameau s'était fait leur caution. Quiconque travaillait, luttait, trafiquait, avait droit à sa sympathie et à ses services. Victime d'une injustice trop fréquente, il s'était vu préférer son frère aîné, et souffrit pendant de longues années de la froideur de sa famille. Le peu de tendresse de ceux qui l'entouraient le porta d'abord à cacher ses sentiments personnels; mais à force de les dissimuler, il les affaiblit. Sa tristesse dégénéra en un chagrin morne; le cœur se dessécha; et, s'il ne perdit pas toutes ses qualités premières, il les entoura du moins d'un rempart de froideur capable d'empêcher même qu'on les devinât. Cette situation pénible dura jusqu'au moment où ce frère qu'on lui préférait périt dans une course en mer. Le père de Jean aurait sans doute reporté sur son dernier enfant l'amour paternel qu'il avait éprouvé pour l'aîné, mais il ne survécut point à la mort d'André, en sorte que le trépas presque subit de son père porta un double coup au cœur de Jean. Il restait possesseur d'une belle fortune, mais il n'était chéri de personne, et n'avait personne à aimer. Un vieil ami de son père prit en pitié son isolement; il connaissait une jeune fille sage, belle et pauvre, il songea à la donner pour femme à Jean Rameau. Celui-ci repoussa ce projet dès le début des ouvertures de son vieil ami. Il avait la certitude que cette enfant ne pourrait pas l'aimer. Elle, avec cet adorable instinct du cœur qui porte la femme vers ceux qui souffrent, alla presque au-devant de cette solitude, de cette tristesse. Elle vainquit par sa grâce les scrupules et les inquiétudes de Jean. Ils s'épousèrent, et le négociant trouva que tout changeait de face autour de lui, du moment que cette créature charmante et dévouée adoptait sa vie pour la rajeunir. La maison devint gaie et riante, la prospérité augmenta. Louise était une bénédiction vivante. L'âme du négociant, si longtemps comprimée, se dilata enfin; il aima sa femme, non-seulement pour ses qualités aimables, mais encore pour celles qu'elle développait en lui. Son influence fut salutaire et douce. Cet homme qui, jusqu'à cette heure, avait traversé la vie, enviant les êtres assez heureux pour être aimés, loua et bénit la Providence quand Louise lui fit connaître les joies dont sa famille l'avait sevré. Son cœur s'épanouit, toutes ces choses bonnes lui parurent faciles. Il était obligeant, il devint généreux;

il était juste mais sévère, et peu à peu il inclina vers l'indulgence. Une année de bonheur complet le transforma. Cette âme altérée de tendresse connut toutes les joies de l'affection ; hélas ! la coupe du bonheur se brisa dans sa main, et après avoir savouré toutes les allégresses du cœur, Jean Rameau en apprit tous les deuils. Il ne dut au mariage qu'il contracta fort jeune qu'une seule année de bonheur ; sa femme mourut quelques jours après avoir mis au monde son premier enfant. Cet immense chagrin changea complétement l'humeur du négociant. Jean Rameau devint triste, sombre, se jeta dans des affaires plus difficiles et des entreprises plus compliquées, cessa presque toutes les relations d'amitié contractées depuis son mariage, et s'enferma dans sa maison comme dans une forteresse.

Louise fut enlevée subitement par une de ces fièvres qui moissonnent tant de jeunes mères. Elle eut à peine le temps d'embrasser son petit enfant. Quand elle sentit qu'elle allait mourir, elle le fit apporter sur son lit, et le plaça dans les bras de Jean Rameau, en le regardant avec une navrante inquiétude. Rameau se sentait alors plus époux que père ; il remit l'enfant à la nourrice et pleura en embrassant les mains de Louise, ces pauvres petites mains qui devenaient froides dans les siennes. La mourante leva au ciel des yeux troublés et suppliants, les reporta sur son mari au désespoir, et rendit le dernier soupir en répétant :

— C'est notre fils ! aime-le ! aime-le !

La douleur du négociant ne peut se décrire. Elle fut telle que la vue du petit Honoré lui faisait un mal horrible. Il accusait l'enfant d'avoir causé la mort de la mère. Il l'éloigna de lui pendant plusieurs années ; et, lorsqu'il le rappela, ce ne fut point par tendresse, mais afin de remplir un devoir. Le cœur méfiant et sombre que Louise avait régénéré, réchauffé, vivifié, se replia de nouveau sur lui-même et parut se fermer. Louise avait été une rapide lumière éclairant subitement cette âme ; les ténèbres se firent de nouveau. L'homme intègre demeura, l'homme aux élans spontanés disparut. Le souvenir de Louise gardait seul assez d'influence sur le négociant pour l'obliger à se vaincre. Jamais on ne lui eût vainement demandé un service au nom de la morte bien-aimée, mais personne n'osait rappeler le souvenir de celle qu'il avait passionnément aimée. Honoré fut habitué à ne jamais prononcer ce nom : — ma mère ! Cette défense qui lui semblait mystérieuse, la froideur de son père, son exil de la maison paternelle pendant cinq années, la tristesse qui régnait dans cet intérieur, tout concourut à assombrir l'esprit d'Honoré. Pendant son enfance il témoigna peu d'expansion. Ses études furent presque brillantes. Il apprit vite, afin de cesser plus promptement d'étudier. Ses facultés le servaient. Il ne les développait pas. Il se disait : La fortune de mon père me suffira. Il n'aimait point le commerce, bien que toute sa famille dût à celui-ci l'opulence et la considération. Il se savait voué à continuer les affaires de la maison, quand son père jugerait convenable de prendre du repos, et il acceptait cet avenir avec résignation. On l'apercevait rarement dans les bureaux. A son retour dans la maison paternelle, Jean Rameau, trouvant en lui quelques-uns des traits de Louise, éprouva des moments de tendresse ardente; mais on eût dit qu'Honoré les redoutait. L'enfant demeurait froid. Il ne pardonnait point à son père de l'avoir fait élever au loin, chez des étrangers. Cette rancune subsista et grandit. Si Honoré avait eu une nature expansive, douce et bonne, il aurait triomphé des regrets de son père, et lui aurait tenu lieu de tout. A défaut du passé regretté, Jean se serait rejeté dans le présent et dans l'avenir; mais l'âge sépara ces deux hommes au lieu de les unir. La tristesse persistante de Jean s'offensa des distractions que cherchait

Honoré. Le jeune homme aurait eu besoin d'un guide et d'un ami, il ne trouva dans son père qu'un homme rigide, ou montrant une sévérité touchant à l'injustice.

Déçu dans cette tendresse qu'il ne fit, à la vérité, rien pour développer, Jean Rameau se passionna pour son commerce et lui donna un essor plus vaste. Riche, estimé de tous, envié de beaucoup, il dépensait dans un labeur ingrat de combinaisons commerciales et de chiffres arides, les forces non utilisées d'une âme que pétrifiait l'isolement.

Le négociant habitait sur le port une maison bâtie par son aïeul, sombre d'aspect, grillée aux fenêtres, ferrée aux portes, et soutenue par des croisillons de fer; un jardin immense communiquait avec le rez-de-chaussée par de grandes portes vitrées. Ce jardin était vaste, bien entretenu, rempli de fleurs. Louise l'avait fait dessiner; et par respect pour sa mémoire on ne changeait rien à la distribution des allées, des plates-bandes et des massifs. Jean défendit au jardinier d'émonder trop les arbres et les arbustes; et à l'époque où l'art du jardinage suivait une voie nouvelle, le jardin de Jean Rameau, au lieu de s'aligner régulièrement, d'effiler ses arbres, de tailler ses buis en boule, resta tel que l'avait créé la jeune femme, un endroit plein de fraîcheur et d'ombre, où les fleurs abondaient, où il faisait bon vivre, hélas! où il aurait fait bon s'aimer.

Nous avons dit que le jardin communiquait avec le rez-de-chaussée; un salon meublé de rouge, et une salle à manger tendue de cuir gaufré ouvraient leurs fenêtres sur les massifs de feuillage. Un petit cabinet de travail faisait suite à cette dernière pièce, dans laquelle Jean Rameau se tenait souvent. Les bureaux occupaient le devant de la maison. Les magasins formaient un corps de bâtiment à part, séparé de l'habitation et du jardin par une cour immense presque toujours encombrée de charrettes, de ballots, de barriques, et peuplée d'ouvriers occupés à charger ou à décharger des marchandises. On travaillait beaucoup et silencieusement, dans la maison Rameau. Le service se ressentait de l'humeur du maître. On le servait sans plaisir, mais parmi ses employés et ses serviteurs, beaucoup lui étaient sincèrement dévoués. Plusieurs journaliers et une vieille servante avaient connu Louise, et le regret qu'ils ressentaient de sa perte justifiait à leurs yeux la douleur de leur maître.

Nous devons dire ici que, parmi les employés de Jean Rameau, aucun ne lui était plus attaché que Rémy Ciotat, son jeune caissier. Il était intelligent et probe, fils d'une mère éprouvée par la mort d'un époux tendrement aimé. Peut-être cette similitude de situation contribua-t-elle à augmenter l'intérêt que tout d'abord il avait inspiré à Jean Rameau. Voici comment s'établirent les relations du banquier avec la famille Ciotat : Un jour, une femme en deuil, tenant dans ses bras un petit enfant à la figure intelligente mais triste, demanda à parler à M. Rameau. Le négociant la reçut avec froideur. Mais peu à peu, quand la veuve lui raconta quelles souffrances elle avait subies, quand elle pleura au souvenir de son mari mort dans un naufrage, et que, montrant ce petit enfant pelotonné dans ses bras, elle ajouta en pleurant qu'il était devenu muet à la suite de la violente commotion subie, lors d'un sinistre dont son frère l'avait sauvé, Jean Rameau s'adoucit jusqu'à la compassion, et lui demanda :

— Que désirez-vous ?

— Monsieur, répondit-elle, ce pauvre innocent, qui est né un mois après le trépas de son père, n'est pas mon aîné; j'ai un fils de treize ans, mon Rémy; il écrit bien, calcule facilement; sa douceur et son amour au travail le rendent propre à tout. Prenez-le dans votre maison, et faites-en quelque chose... Si madame Louise était encore de ce monde, elle appuierait ma prière, car nous avons jadis habité la même paroisse, et elle avait de l'amitié pour moi quand nous étions deux enfants.

— Je prendrai votre fils chez moi, dit le négociant d'une voix rendue rauque par des larmes étouffées. Ce qu'il ignore, il l'apprendra; l'éducation d'Honoré n'est sans doute pas plus avancée que la sienne...

La pauvre veuve n'avait pas osé espérer tant. Elle remercia Jean Rameau avec effusion; et, posant ses doigts sur sa bouche, elle apprit à son petit enfant à envoyer un baiser au négociant.

Le lendemain, Julitte Ciotat amenait Rémy dans la maison Rameau.

L'enfant, poussé par le désir d'aider sa mère, montra une aptitude si grande et une attention si soutenue que son avancement chez le négociant fut à la fois légitime et rapide. Jean Rameau, autant pour exciter l'émulation de son fils que pour tenir la parole donnée à la veuve, voulut que Rémy participât à l'enseignement reçu par Honoré. Celui-ci éprouva une vive contrariété à la vue de ce rival d'études. Il se montra dur pour Rémy, et ne manqua jamais de lui faire sentir l'infériorité de sa situation, quand il en trouva l'occasion. Rémy feignit de ne point comprendre. Il devait assez de reconnaissance au père pour être patient avec le fils. Rémy apprit donc, en même temps que le commerce proprement dit, l'allemand et l'anglais, afin de tenir toute la correspondance de la maison, et il se perfectionna dans ses autres études. Jean Rameau avait en lui une telle confiance que son vieux caissier, Jacob Rigot, étant mort, il installa Rémy à sa place. A cette occasion, les appointements du jeune homme furent augmentés, et Julitte Ciotat, apprenant le rapide avancement de son fils, versa des larmes de joie et de regret tout ensemble. Le père aurait été si heureux! Le petit Paulin, par la vivacité de ses gestes et par ses caresses touchantes, prouva qu'il avait compris toute la joie de sa mère. Julitte n'aimait pas mieux Paulin que Rémy, mais le pauvre petit muet avait besoin plus que Rémy d'être choyé et gâté; d'ailleurs, Rémy y aidait bien pour son compte, et pas un enfant de Cette ne possédait d'oiseaux plus rares dans sa volière, et de plus belles coquilles dans son cabinet de travail. Car Paulin travaillait, aidé et soutenu par son frère, et son infirmité ne l'empêchait pas de s'instruire.

Chaque matin, régulièrement, Rémy quittait la maison de sa mère pour aller s'installer à son bureau. Il commençait son labeur quotidien par le dépouillement de la correspondance. Les lettres lues, il y répondait quand l'avis de M. Rameau ne lui était pas nécessaire. Ensuite il ouvrait ses registres, et se tenait prêt à traiter les affaires commerciales avec le public, les négociants et les armateurs.

Il travaillait un matin avec son zèle habituel et voyait augmenter le nombre des lettres terminées, quand Jean Rameau entra dans son cabinet. La physionomie du riche négociant exprimait une lassitude profonde, habituelle, que chassait un peu en ce moment son intérêt pour le jeune employé.

— Allons, Rémy, dit-il avec bonté, vous vous tuerez à la besogne, et je ne le veux pas. Reposez-vous un moment, que diable ! J'étais au jardin quand vous vous êtes assis à ce bureau; pendant quatre heures, passant et repassant devant la croisée, je vous observais; vous n'avez pas levé la tête une seule fois. A mesure que vous terminiez une lettre, vous la placiez à votre gauche, puis vous attiriez à vous une feuille de papier blanc, et vous commenciez une nouvelle réponse ! Vous m'intéressiez, et j'avais pitié de vous, Rémy.

— Pourquoi, monsieur ? demanda vivement le jeune homme.

— Parce que vous avez vingt ans, Rémy.

— L'âge du travail et de la lutte.

— Mais vous menez une existence si triste !

— Non pas, monsieur ; d'abord mon travail me plaît ; à force de m'occuper de négoce, je suis devenu négociant. Je ne connais rien de plus attachant que l'enchaînement perpétuel d'affaires. Certes, je ne possédais point de facultés brillantes, et ne pouvais nourrir l'espoir de devenir un artiste, un savant, un homme illustre ; vous avez fait de moi un garçon laborieux ; je tâche de me rendre utile, et n'ai point de mérite à remplir des devoirs qui me sont chers à plus d'un titre !

Comme s'il eût voulu éloigner cette expression trop vive de la reconnaissance du jeune homme, le négociant reprit :

— Et votre mère, Rémy, se porte-t-elle bien ? Il y a longtemps que je ne l'ai vue.

— Bonne et dévouée comme elle est, si sa santé est faible, du moins son cœur la soutient. Chaque jour elle me parle de vous, et Paulin ne vous oublie pas.

— Ah ! vous avez un heureux intérieur, Rémy.

— Heureux, monsieur...

— Je sais... je sais... Votre mère n'oublie pas son mari, et ne quitte point sa robe de veuve... l'infirmité de Paulin la navre souvent ; mais vous aimez tant votre mère, Rémy, et le cher petit muet la couvre de tant de baisers, qu'elle n'a pas le droit de se plaindre...

Il y eut entre eux un moment de silence; M. Rameau se pressa le front et soupira.

— Vous êtes inquiet de la tristesse de M. Honoré? demanda Rémy en regardant son patron.

— Oui, Rémy, oui, j'en suis inquiet. Cette tristesse se change en atonie; il y a parfois du désespoir dans les yeux de mon fils... une pensée le chagrine et l'obsède! souvent il essaye de la chasser sans y réussir. Je ne le questionne point, et j'attends un aveu. Que peut-il avoir? que désire-t-il? pourquoi ne s'explique-t-il pas?

— La hardiesse lui manque peut-être, monsieur. Vous aimez M. Honoré, je n'en doute point; mais pardonnez-moi si j'ose vous le dire, votre sévérité est, il me semble, parfois bien grande à son égard... J'ai deviné la raison de votre conduite; vous avez tant souffert de la perte de la mère que tout d'abord vous n'avez pas eu assez de force pour chérir l'enfant... Quand ses nourriciers le ramenèrent chez vous, il était trop jeune encore pour apprécier vos motifs et sonder votre douleur... Sa froideur vous a blessé... Vous avez pris tous deux l'habitude de vivre à côté l'un de l'autre sans confondre vos existences et vos pensées, et maintenant qu'il a besoin d'un guide et vous d'un ami, vous souffrez séparément, faute de vous être entendus.

— Vous avez raison, Rémy, je n'ai point conquis le cœur de mon enfant.

— Il sera facile de le conquérir, monsieur... La tristesse cède volontiers ses secrets, et M. Honoré ne demande sans doute qu'à vous dire les siens

— Qui sait, répliqua le négociant, s'il n'a pas pris l'habitude de compter pour rien l'appui moral de son père? Il est jeune, je le vois peu. Mon manque de tendresse, de sollicitude l'a éloigné de moi. S'il s'occupe peu d'affaires, il a ses plaisirs... Et je ne me suis jamais demandé quels sont les amis et les plaisirs de mon fils... j'ai eu tort. Ma douleur a été égoïste... j'ai manqué à un devoir... Louise m'avait dit : —Aime-le! Et je n'ai point veillé sur lui! Et il est triste, et il souffre peut-être? Rémy, je me sens aujourd'hui profondément malheureux!...

En ce moment le domestique entra et dit à Jean Rameau :

— Le monsieur étranger qui s'est présenté hier après la fermeture des bureaux pour toucher le montant d'une traite demande si monsieur aurait la bonté de régler cette affaire tout de suite, bien que le bureau de caisse ne soit pas encore ouvert; il paraît que son passage est retenu, et que le bâtiment met à la voile dans une heure.

Rameau se tourna vers Rémy.

— Je ne vois aucun inconvénient à ce que cette traite soit immédiatement payée... Elle est de...

— Douze cents livres, répondit le domestique.

— Eh bien, Andoche, attendez...

Le négociant prit une clef dans sa poche, et la mettant sur le bureau :

— Ouvrez la caisse, Rémy, et soldez.

Le jeune homme prit la clef, la fit rapidement tourner dans la serrure et ouvrit tout grand le tiroir de la caisse.

Mais au lieu de chercher de l'argent pour compter les douze cents livres demandées, il demeura un moment immobile, stupéfait ; puis, fouillant dans le tiroir, il en tira fiévreusement des sacs et des rouleaux, les mit sur la table du bureau, évalua leur nombre du regard, et, se tournant vers M. Rameau :

— Si vous n'avez rien pris dans ce tiroir depuis hier, monsieur, un vol a été commis.

— Un vol ! répéta Jean Rameau.

— Un vol ! dit sourdement Andoche en devenant pâle.

— Voyez le bordereau, monsieur... mais cette vérification ne m'est pas nécessaire pour constater le fait... Les papiers contenus dans le tiroir étaient en désordre, et j'ai vu tout de suite qu'il manquait cinq rouleaux de louis.

— Mais, dit M. Rameau en se penchant pour examiner la serrure, il n'a été pratiqué ni effraction ni pesée... la somme manque à la vérité, mais le vol a été commis par quelqu'un connaissant très-bien les êtres de la maison, et non pas par un voleur étranger... une fausse clef a été nécessaire.

— Une fausse clef! s'écria Andoche... le vol commis par quelqu'un de la maison... mais monsieur nous suspecte tous alors! Monsieur nous croit capables... cependant, la vieille Marguerite est dans la famille depuis trente ans...

— Marguerite! fit Jean Rameau, une sainte créature qui ne veut pas même recevoir de gages et qui fait mon fils son héritier...

— Il y a Guillaume...

— L'honneur, la probité même!

— La petite Louison?

— Elle a reporté chez un avocat du parlement d'Aix une bourse contenant cinquante pistoles.

— Ce ne serait pourtant point le jardinier?

— Père Antoine! aucun soupçon ne peut flétrir une telle vie. Antoine! non, non..

— Eh bien, mais, monsieur, continua Andoche, de la maison, comme vous dites, il ne reste plus que moi...

— Je ne t'accusais pas ! pourquoi te défends-tu ?

— Ah ! l'on me suspecte, s'écria le domestique, l'on me croit un coquin ! Ça ne peut point se passer ainsi... On fouillera les effets, les chambres... Quand un vol est commis, il faut que le criminel se trouve.

— Oui, dit le négociant, mais avec le moins de scandale possible... Le malheureux qui a commis cette faute a peut-être jusqu'à cette heure vécu honnêtement. Un moment de folie l'a perdu... On observera, on cherchera... Je ne veux point ébruiter cette affaire... cinq mille livres de moins ne me ruineront pas... je ne regrette même pas cette somme ; ce qui m'afflige, c'est de penser que celui à qui elle était nécessaire ne m'a point fait un aveu qui lui aurait épargné un crime.

— Mais, monsieur, dit Andoche, si l'on ne cherche pas...

— Je chercherai, vous dis-je, et je chercherai seul.

— Cela suffit, monsieur.

— Comptez les douze cents livres, Rémy.

Le caissier mit un rouleau d'or de côté, et commença à compter des pistoles.

En ce moment la porte du bureau s'ouvrit.

La mère du jeune caissier, Julitte Ciotat, entra souriante, et s'avança vers le groupe que formaient Jean Rameau, Rémy et Andoche.

L'excellente femme s'aperçut vite que son fils était sous le coup d'une certaine émotion; aussi, après avoir salué M. Rameau, dit-elle gaiement à son fils :

— Allons! allons! ce n'est pas la peine d'être si tourmenté; quand les enfants manquent d'ordre, les mères en ont pour deux... Seulement, il s'en est peu fallu qu'elle ne fût perdue... tu as hier changé d'habit, et ton frère l'a trouvée dans l'escalier... je lui ai vu dans les mains une clef qui n'est pas de la maison; j'ai pensé qu'elle te faisait faute, et je te l'apporte.

— Quelle clef? demanda Rémy.

— Celle-ci, répondit la veuve en posant cette clé sur le bureau.

M. Rameau la prit vivement, la regarda, arracha celle qui se trouvait dans la serrure du tiroir de la caisse, les compara, puis faisant jouer la seconde aussi facilement que la première, il jeta du côté de Rémy un regard écrasant.

— Eh bien, mais, dit insolemment Andoche, il me semble que cette clef-là a bien pu servir à ouvrir la caisse hier...

Rémy bondit vers Andoche.

M. Rameau le retint par le poignet, et continua à le regarder.

— Le voleur est trouvé, dit Andoche, ce n'est pas malheureux.

— Le voleur! quel voleur? demanda Julitte.

— Ah! mais vous ne savez rien, madame Ciotat, et vous nous trouvez l'air tout drôle... monsieur venait de s'apercevoir que cinq mille livres manquaient dans sa caisse... et qu'il fallait connaître la maison et avoir une fausse clef pour faire le coup... pas moins... quand vous êtes venue rapporter à votre fils une clef de la caisse que monsieur ne connaît pas...

— Une clef de la caisse!... douze cents livres!... qu'est-ce que cela veut dire, mon Dieu! s'écria Julitte en joignant les mains.

— Cela veut dire, ma chère et sainte mère, qu'un immense malheur va sans doute nous frapper... et que c'est vous qui, innocemment, l'avez attiré sur moi...

— Mais qu'ai-je donc fait? s'écria la malheureuse femme.

— Madame Ciotat, répondit Rameau, je voudrais, au prix d'une somme dix fois plus considérable, que vous n'eussiez pas fourni une telle preuve... Jamais! non jamais, je n'aurais soupçonné Rémy...

— Soupçonné Rémy ! Et de quoi, monsieur ?...

— Mais, d'avoir volé cinq mille livres, dit Andoche... Il y a une providence, car on me suspectait déjà...

— Vous croiriez... oh! monsieur Rameau, cela est impossible! Rémy, mon Rémy, qui est chez vous depuis sept années... que vous connaissez presque aussi bien que moi !...

— Le doute ne m'est pas possible !

— Quoi ! monsieur, dit le jeune homme en se levant en proie à la plus vive douleur, vous ne m'accordez même pas le triste bénéfice du doute... Sept années d'un labeur patient et intelligent, toute une vie honnête, et la tradition de loyauté d'une pauvre famille ne plaident pas pour moi quand un hasard m'accuse...

— Un hasard ! murmura M. Rameau.

— Et de quel autre nom voulez-vous que j'appelle ce qui arrive? Cette clef trouvée dans ma poche, l'ai-je fait faire? je ne la connais pas... Vous n'avez point de double clef de la caisse; celle-ci est donc fausse ! Quel misérable a eu l'infamie de la glisser dans mes vêtements ? Et ma mère ! ma mère la rapporte ! Mon Dieu ! mon Dieu ! fit Rémy en fondant en larmes, pour quelle faute ai-je mérité une peine si cruelle !...

— Oh ! tout s'expliquera, mon enfant... dit Juliette.

— Je le désire, dit le négociant, mais en attendant...

— Vous me chassez? demanda Rémy désolé.

— Avouez, dit brutalement Rameau, avouez, Rémy, et je verrai...

— Avouer, moi... que j'ai volé? Jamais, monsieur, jamais ! je suis innocent, je le jure.

— J'ai été bon, dit Rameau, je me montrerai juste ; encore une fois, avouez un entraînement coupable... Je me tairai, vous partirez, et j'oublierai que je vous ai aimé, que je vous ai même connu.

— Laisse faire à Dieu, mon enfant, dit la mère en attirant Rémy sur sa poitrine.

— Et à la justice, ajouta le négociant d'une voix tranchante comme un coup de couperet.

Le soir même, Rémy Ciotat était enfermé dans la prison de Cette.

II

LA MÈRE DU CONDAMNÉ

Rémy Ciotat était condamné ; son maître, son accusateur, avait vainement offert à la justice le désistement de sa plainte ; la justice était saisie de l'affaire ; on lui avait désigné un coupable, elle devait le punir.

Au moment où fut prononcé l'arrêt, Jean Rameau étreignit son front avec une sorte de désespoir. Il y avait à la fois dans ce geste du regret et de la colère. Le cœur ne s'attache jamais impunément, et quand il faut qu'une affection violente soit brisée, il souffre et saigne. Le négociant tenait plus encore à Rémy qu'il ne se l'était imaginé. Aussi, après avoir entendu cette parole sinistre : — « dix ans de galères ! » quitta-t-il la salle comme un homme dont les forces morales étaient à bout. Il regrettait d'avoir accusé Rémy. Qu'étaient cinq mille livres pour lui? La perte de l'argent ne l'avait pas ému; mais en raison de ses chagrins, de ses défiances, il était plus que tout autre sensible à l'ingratitude. Celle du caissier passait toute mesure. Et lui, Jean Rameau, qui ne voulait aimer personne, avait aimé celui que cependant il croyait un misérable. Il ne se pardonnait pas son affection trompée. Et pourtant, quand son imagination lui représenta le lent supplice qu'allait endurer Rémy, il se dit que la peine était trop grave pour un égarement d'une heure.

Comme il traversait rapidement le couloir du palais, pour fuir ce lieu de douleurs et d'angoisses, il vit tout à coup en face de lui se dresser une femme pâle sous son bonnet de veuve, l'œil rougi par les larmes, le visage empreint d'un désespoir effrayant.

Elle tenait par la main Paulin le petit muet qui, à l'aspect de Jean Rameau, frissonna de tout son corps.

Le négociant n'avait pas songé à la mère. A l'aspect de Julitte il fit un mouvement en arrière :

— Monsieur Rameau, dit la veuve, vous m'avez pris mon fils, et vous venez de le déshonorer! Dieu sait, oui, Dieu sait comme moi que Rémy est innocent du crime pour lequel on vient de le condamner à dix ans de galères... Mais je compte assez sur la justice divine pour espérer qu'un jour viendra où le véritable coupable vous sera connu : Dieu veuille que vous, qui me brisez le cœur en m'enlevant l'aîné de mes enfants, ne soyez à votre tour puni dans votre fils!...

Julitte posa sa main tremblante sur les cheveux de Paulin dont les regards étincelants se levèrent sur Jean Rameau, puis la veuve et l'enfant disparurent, et il sembla au négociant que cette apparition était la suite d'un horrible rêve. Les paroles de Julitte lui revinrent à la mémoire. On avait vu la justice se tromper : mais la clef retrouvée par la mère !

Rameau rentra chez lui sombre et morne, et pendant plusieurs jours on eût dit qu'il se cachait dans sa maison comme un coupable.

Tandis qu'au tribunal on prononçait sur le sort de Rémy, un homme se disait comme Julitte :

— Rémy Crolat est innocent !

Cet homme, c'était Honoré Rameau, le fils du négociant.

Il connaissait le coupable : le coupable, c'était lui !

Honoré, privé de la tendresse de sa mère, presque repoussé par son père, abandonné à lui-même et poursuivi par la pensée que nul ne l'aimait, chercha vite au dehors des distractions bruyantes. Son caractère sombre et peu communicatif éloignait l'amitié véritable, mais il lui devint facile de trouver des compagnons de plaisir. Assez de jeunes gens s'attachent aux hommes qui, comme Honoré, peuvent dépenser sans trop compter, et emprunter au besoin sur l'héritage paternel.

La vraie et franche gaieté était inconnue à Honoré; mais le bruit lui plaisait, l'étourdissait. On le regardait peu, on ne le consultait jamais dans la maison du négociant ; il était heureux de présider une fête, de parler en maître, parfois d'humilier à son tour. On ne l'aimait pas; il y avait du fiel dans son langage ; s'il vous acceptait volontiers pour convive, il ne vous rendait jamais un service. Les jeunes gens qu'il voyait fréquemment ne lui étaient pas plus chers que ceux qu'il connaissait depuis la veille. Il voulait être distrait et amusé. On le devinait, et on le haïssait pour son égoïsme; mais il est tant d'hommes lâches qui acceptent l'humiliation au prix d'un plaisir, qu'Honoré se voyait entouré d'une nuée de parasites. M. Rameau surveillait peu son fils. Sa tristesse habituelle le rassurait. En effet, après une soirée passée dans l'orgie, Honoré retombait sur lui-même, et son atonie augmentait. Le lendemain il semblait livré à une souffrance intime. L'isolement lui infligeait mille tortures. Il s'en voulait de sa paresse, de son inutilité, de son hypocrisie. Jean Rameau l'eût repris sévèrement s'il avait connu ses désordres. Honoré menait une triste vie. Il était né pour mieux faire; une direction manqua à son esprit, une affection fit défaut à son cœur. S'il avait pu aimer Rémy, l'influence du jeune homme lui serait devenue salutaire. Cette jeunesse pure, laborieuse, aurait fortifié, ranimé la sienne. Il aurait connu les joies de la confiance, la satisfaction du devoir accompli, le plaisir du repos après le labeur; mais il vit dans Rémy Ciotat un rival et craignit que plus tard il ne prît dans la maison de son père autant de place que lui-même. On lui persuada que le caissier, pour qui Rameau ne cachait pas sa sympathie, ne pouvait tarder à être associé à la maison; que lui, Honoré, n'était compté pour rien; que la moitié de la fortune du négociant, dénaturée par un acte de société, passerait entre les mains de l'habile commis. Honoré avait bien assez de ses petites rancunes d'enfant sans qu'il fût besoin d'éveiller des craintes sérieuses pour l'avenir. Il se souvint de la rapidité avec laquelle Rémy Ciotat avait fait ses études. Il ne voulut trouver que de l'ambition dans la façon d'agir du jeune homme. Lui, qui aimait si peu son père, ne croyait pas à la reconnaissance des étrangers. Rémy, qui eût souhaité l'attirer à lui, l'aimer comme un frère, vit repousser toutes ses avances avec une froideur marquée. Il ne se découragea pas. Plus d'une fois même il essaya de rendre service au fils de son patron, mais alors Honoré le reçut avec dédain, et lui fit comprendre qu'entre le fils de M. Rameau et son commis il ne pouvait rien y avoir de commun. Rémy souffrit dans son cœur, son orgueil légitime ne se révolta pas. Honoré lui paraissait être un malade ayant besoin de ménagements excessifs, et il ne désespérait point d'arriver à rétablir l'harmonie et l'affection entre le père et le fils. Quand Rémy croyait deviner que le négociant se préoccupait d'Honoré, il le rassurait, le calmait. Rameau n'ouvrait pas complétement son cœur, mais il ne s'offensait point qu'on tentât de deviner ce qui le faisait souffrir. Il savait un gré extrême à son caissier du rôle qu'il jouait dans la famille. Il se promettait plus tard de l'en récompenser. Rémy n'obtenait pas le résultat souhaité. Le choc qui devait ébranler le cœur bronzé du père et le cœur insensible du fils n'avait point eu lieu. Rémy savait vaguement que le jeune homme quittait de bonne heure la maison de son père, pour y rentrer fort tard. La vieille Marguerite, qui l'avait vu naître, gardait le silence. Elle l'aimait comme elle avait aimé Louise, aveuglément. Honoré était pour elle le *fils de sa chère maîtresse*, il pouvait commettre toutes les fautes, se montrer colère, ingrat et méchant envers la vieille servante, celle-ci ne l'aimerait pas moins. Plus d'une fois, rentrant le matin chez lui après une nuit bruyante, pâle, défait, malade, les poches vides, il trouva Marguerite qui l'attendait à la porte du jardin pour protéger sa rentrée tardive. Elle avait pour lui des excuses, inventait des raisons; si, en rangeant les vêtements d'Honoré, elle s'apercevait qu'il n'avait pas une pistole dans ses poches, elle y glissait ses économies, et le jeune homme ne se doutait guère que l'argent jeté le soir sur une table de jeu était le fruit des épargnes de la servante de son père.

Honoré, dans sa vie inutile et désordonnée, ne chercha même pas à aimer. Sa nature égoïste se manifesta jusque dans ses passions. Il en eut deux : le vin et le jeu. Passions brutales qui s'exaltent jusqu'à la folie. Quand il avait abusé des vins capiteux, il prenait les dés ou les cartes avec frénésie et il jouait. Il jouait toute la nuit, souvent jusqu'au matin; il jouait en furieux, s'en prenant aux autres quand il perdait, déchirant ses manchettes de point, lançant les cartes aux extrémités de la salle, demandant d'autres jeux, souffrant à la fois dans son avarice et dans son orgueil. Lorsqu'il gagnait, ses yeux s'allumaient à la vue de l'or. Il l'entassait devant lui, le remuait avec bonheur, insultait à la mauvaise chance des autres et triomphait insolemment, sans songer que ses compagnons prendraient leur revanche le lendemain. Ces soupers, ces parties de jeu chaque nuit renouvelés coûtaient cher à Honoré ! Son père lui remettait généreusement chaque mois une somme suffisante pour ses plaisirs ; mais les goûts d'Honoré devinrent de jour en jour plus dispendieux et il eut bientôt recours à des emprunts.

La facilité avec laquelle il contracta les premiers l'enhardit. Il se trouva en peu de temps pris dans les griffes d'usuriers habiles. On lui vendait à un taux énorme les pistoles qu'il risquait le soir sur un tapis vert. Pendant deux ans la bourse des Juifs s'ouvrit pour le prodigue ; mais il abusa de la complaisance de ces spéculateurs, et ceux-ci pensèrent que le fils mineur de M. Rameau ne présentait que des sûretés bien lointaines.

Un soir, Honoré, emporté par la fièvre du jeu, poursuivi par la mauvaise chance, s'acharna follement dans une partie d'hombre. Il perdait, perdait toujours, n'importe ! Après avoir vidé sa bourse, il joua sa montre et les boutons de diamant de ses manchettes; enfin il joua sur parole. Jusqu'à cette heure, une sorte de respect de lui-même l'avait retenu. Il ne voulait rien devoir à personne, pas même une preuve de confiance. Cette fois il ne voyait plus, ne raisonnait plus. Il voulait reprendre à son partenaire l'argent qu'il venait de perdre, et il s'engagea à solder le lendemain une dette dont le chiffre total s'éleva à cinq mille livres !

La somme était énorme.

Honoré rentra chez lui bouleversé.

La vieille Marguerite l'attendait; et, le voyant défait, ravagé, les vêtements en désordre, et une sorte d'égarement dans les yeux, elle se prit à trembler, et s'approchant de lui avec une humilité caressante et douce :

— Jésus, mon Dieu ! que vous a-t-on fait, dit-elle, pour que vous soyez dans un pareil état?

Loin d'être touché du dévouement de Marguerite, une violente colère s'empara d'Honoré. Il accusa la pauvre servante de l'espionner; il lui défendit de l'attendre désormais, et lui signifia que son domestique s'occuperait seul de son service.

— Hélas! répondit Marguerite, mon cher jeune maître, il ne me restait pourtant d'autre consolation dans la vie que celle de vous servir... depuis la mort de votre mère, il me semblait que j'avais le droit de vous aimer quasiment comme un enfant à moi..... Vous avez un chagrin que vous ne pouvez apprendre à votre père, mais on ne sait pas, les pauvres gens trouvent parfois des idées dans leur cœur...

— Laisse-moi, Marguerite ! dit brutalement Honoré.

— Vous êtes en colère contre moi, mon jeune maître, et vous me chassez ; mais vous me retrouverez ce soir tout de même, car il ne faut point que Monsieur sache si vous rentrez tard ; il ne se défie pas de moi...

— Marguerite ! dit vivement Honoré.

La vieille femme s'approcha.

— Que voulez-vous ? demanda-t-elle, heureuse de croire qu'on eût besoin d'elle.

— As-tu ?...

Honoré n'osa pas achever. Il avait été sur le point de lui dire :

— As-tu cinq mille livres ?

La pauvre fille n'avait plus que quelques pièces d'or ; elle les eût sacrifiées avec bonheur, mais que pouvaient quelques louis pour combler la dette d'Honoré !

Le jeune homme ne se coucha pas. Il se trempa le visage dans l'eau fraîche, changea de costume, et aussitôt après le déjeuner il sortit. Il alla d'abord chez ses amis. Plus d'une fois il avait rendu de légers services par vanité, il comptait trouver aisément la somme qui lui était nécessaire. Mais les gens qui ont l'intention d'emprunter de l'argent portent sur leur visage une expression de gêne et d'embarras qui les trahit. On les devine, on les flaire; on les devance, avant qu'ils vous aient dit : — Cher ami, pourriez-vous me prêter, pour quelques jours seulement..... On a eu l'adresse de leur insinuer qu'on se trouve dans un réel embarras. Honoré, refusé par les uns avec les formes les plus affectueuses, mal reçu par les autres, éconduit par tous au point de vue sérieux, se demanda bientôt avec terreur quel moyen il emploierait pour trouver les cinq mille livres !

Il retourna chez les prêteurs. Ceux-ci se récrièrent, se plaignirent, et finirent par lui dire que son père devait être son unique banquier. Ils ajoutèrent en manière de consolation : — Si vous étiez majeur !

Honoré rentra chez son père la tête en feu.

Il fallait payer, payer à tout prix. Tel qui ne se croit point obligé à solder la note d'un honnête marchand, se regarderait comme un misérable et se croirait perdu d'honneur s'il n'acquittait pas dans les vingt-quatre heures une dette de jeu.

Honoré eut l'idée de tout avouer à son père. La pensée de l'indignation du négociant le fit frémir. Quels reproches ne devrait-il pas entendre? Et devant la violence de son père, où s'arrêterait-il lui-même? Et après il faudrait s'humilier, plier, demeurer en suspicion et sans doute être condamné à un labeur quotidien qui permettrait au négociant de ne plus quitter son fils. Honoré avait souffert de l'indifférence paternelle, il ne se résigna point à en subir l'autorité.

Pendant toute la soirée il erra dans la ville, cherchant une idée, un moyen ; ce moyen il le trouva ; mais quand il l'eut trouvé, il s'effraya de lui-même.

Il tenta de repousser cette tentation ; elle s'attacha à lui avec une persistance telle qu'il voulut rentrer dans la maison de son père, s'imaginant qu'elle n'oserait l'y poursuivre. Elle devint vivante, réelle, se changea en hallucination. Et cependant il luttait encore contre elle quand il rencontra Andoche qui le cherchait dans la ville.

— Votre père m'a envoyé m'informer de vous dans plusieurs maisons, monsieur Honoré ; il est inquiet.

— Je te suis, répondit le jeune homme que l'idée persistante étreignait et torturait.

— Pour me suivre tout de suite, êtes-vous donc tiré d'embarras, monsieur ? Je sais que vous devez cinq mille livres à M. Anatole Raimbaud. Ces cinq mille livres il faut les trouver...

— Où ? demanda machinalement Honoré.

Andoche se pencha vers lui, et dit tout bas quelques mots.

Ils avaient eu tous deux la même pensée.

On sait quel avait été le résultat de l'accusation de Jean Rameau.

Revenons à la mère du condamné.

Quand elle quitta le négociant, Julitte Ciotat prit avec Paulin le chemin de sa demeure.

Tout semblait changé pour elle dans la vie.

Au lieu de marcher paisiblement, souhaitant à chacun un bonjour amical, s'informant de la santé des malades, parlant de Rémy, embrassant les petits enfants, elle se traînait dans l'ombre des maisons, s'avançant avec peine, fuyant les regards de tous et courbant la tête. Depuis le moment où Rémy avait été condamné aux galères, elle cessait de faire partie de ceux qui jouissent du droit d'aller le front haut dans la foule.

Comme la journée s'avançait, elle espéra pouvoir rentrer chez elle sans rencontrer des gens de counaissance. Mais les curieux, les méchants et les bavards s'étaient rendus à l'audience, et sitôt le prononcé de l'arrêt, des groupes s'étaient formés aux abords du tribunal, dans les rues, près des masures. On plaignait peu Julitte; son malheur ne trouva pas la sympathie à laquelle la pauvre femme avait droit. Le bonheur relatif dont elle jouissait, l'aisance que mettait dans sa maison le labeur de son fils, lui avaient suscité des envieux. Les uns jalousaient sa vie paisible; les autres, éprouvés dans leurs enfants, ne lui pardonnaient pas les qualités sérieuses de l'un et la gentillesse aimable de l'autre. Sans être fière, Julitte parlait peu aux femmes du voisinage. Ses amis étaient choisis. Elle repoussait les avances hâtives. Beaucoup se réjouirent donc méchamment en voyant la veuve éprouvée d'une façon si rude. Ceux qui la défendaient le faisaient aux dépens de son fils. Quand elle descendit la rue qui longeait le tribunal, elle entendit des exclamations blessantes, des accusations cruelles. D'abord elle se contenta de courber le front et parut demander grâce par son humble contenance; mais l'orage populaire grossissant, elle entraîna Paulin qui s'effraya, et se mit à courir vers sa maison pour échapper à cette lapidation morale.

L'enfant courait après elle, en s'attachant des deux

mains à son bras. Il n'entendait point les clameurs de la populace, mais il comprenait les regards furieux, les gestes menaçants, et il se demandait pourquoi ces gens, à qui plus d'une fois elle avait rendu service, la poursuivaient le bras levé et l'injure sur les lèvres.

Un enfant prit un caillou et le lança sur la malheureuse. Paulin, atteint à la tête, poussa un cri indistinct. La mère défaillante l'enleva dans ses bras, se tourna un moment vers la foule ameutée comme pour la défier ou lui demander la mort plutôt que l'insulte et le martyre ; mais Paulin entoura son cou de ses bras ; elle comprit qu'elle devait vivre, et, sous les huées, la boue et les pierres, elle passa courant comme une bête traquée, jusqu'à ce qu'elle fût arrivée dans sa maison où elle s'enferma.

Son premier soin fut de panser la légère blessure que le petit enfant avait reçue. Quand elle eut lavé la plaie, écarté les cheveux, entouré le front d'un bandeau, elle déposa Paulin sur son lit, s'assit à ses côtés et le regarda s'endormir... Alors seulement elle put pleurer. La justice venait de lui prendre un de ses enfants, et le peuple, plus sévère encore que la justice, avait voulu lui ravir l'autre.

La nuit qu'elle passa fut épouvantable.

Le lendemain, dans la crainte de voir se renouveler

des scènes semblables, elle ne sortit qu'à la nuit noire pour acheter ce qui était indispensable. Et, pendant deux mois, elle demeura ainsi prisonnière dans sa maison, parlant à Paulin de son frère, en couvrant le petit muet de baisers et de larmes. Il la comprenait. L'absence de Rémy, après la terrible scène du jugement, lui faisait deviner un grand malheur, bien qu'il n'en approfondît pas la portée. Il redoublait de caresses pour Julitte ; il s'efforçait, en appelant à son secours toute son intelligence et tout son cœur, de lui donner quelque espérance. Et, quand il s'apercevait qu'il ne réussissait pas à la consoler, il se jetait dans ses bras avec une si grande explosion de douleur que Julitte oubliait son chagrin pour tâcher de le calmer.

Un matin, cependant, Julitte se disposa à sortir.

Elle habilla Paulin de deuil, et suivit avec lui plusieurs rues encore désertes ; elle gagna enfin la route, s'assit avec son enfant sur le talus d'un fossé, et attendit. Ses regards se tournaient sans cesse du côté de la ville. Enfin elle distingua un bruit confus de galop de chevaux, de roues de voitures, de cris rauques, et, se levant, elle quitta sa place, mettant ses mains au-dessus de ses yeux pour mieux s'assurer qu'elle ne se trompait pas.

— Ah ! s'écria-t-elle, la force me manque ! Je ne pourrai jamais le voir ainsi !

La poussière s'élevait, le bruit se rapprochait ; bientôt la veuve distingua deux charrettes informes, remplies d'une sorte de bétail humain, criant, pleurant, gesticulant et secouant des chaînes et des carcans immondes.

Les regards de Julitte interrogèrent les visages hagards, les têtes animalisées, les figures livides... Elle découvrit, blotti dans un coin, un captif cachant son front sur ses genoux qu'entouraient ses bras, et d'une voix lamentable elle s'écria :

— Rémy ! mon fils Rémy !

Le prisonnier tressaillit, se redressa, et voyant sur le chemin sa mère et Paulin, il tendit vers eux ses mains chargées de fers, et poussa un sanglot déchirant.

La route montait à partir de cet endroit. L'allure des chevaux se ralentit. Quelque vicieux que fussent les compagnons de chaîne de Rémy Ciotat, la vue de cette mère en deuil et de cet orphelin les impressionna. Ils chantèrent d'abord plus bas ; ils finirent par se taire.

Julitte s'approcha de la charrette et, soulevant Paulin, elle l'éleva de façon que le prisonnier pût l'embrasser.

— Pourquoi vous condamner à une pareille épreuve, ma mère? demanda Rémy.

— Il m'a semblé que, dans ton malheur, tu avais besoin de t'entendre dire encore : Tu es innocent! Et je suis venue, mon pauvre enfant, pour bénir ton front courbé, pour serrer tes mains enchaînées.

— Ah! vous m'enlevez mon courage! s'écria le jeune homme.

— Je le double, au contraire! Le courage ne consiste point dans l'insensibilité. Tu pleures, et cependant tu es fort! Et tu resteras fort, Rémy, parce que ta conscience et ta mère rendent bon témoignage de toi? Ne te laisse pas abattre, Rémy; Dieu te doit une justice, il te la fera... Peut-être sera-t-elle tardive... Il ne nous appartient pas de sonder les décrets de la Providence; mais souviens-toi... Il ne faut pas mourir à la peine, car tu mourrais déshonoré!

— Que ferez-vous? que deviendrez-vous tous deux? demanda Rémy.

— Dieu m'inspirera, Dieu me guidera, Dieu te sauvera! Oh! le dur voyage, mon Rémy!... Quand je te berçais sur mes genoux, petit enfant, pouvais-je me dire qu'un jour, les mains et les pieds enchaînés, je te verrais confondu avec des assassins et des voleurs, cahoté dans cette charrette immonde!

Julitte marchait à côté de la voiture, et Paulin gardait un de ses bras passé autour du cou de son frère. La malheureuse femme entrecoupait ses conseils de sanglots; après avoir dit à son fils d'espérer, elle secouait la tête comme si elle-même perdait toute espérance. Rémy, agenouillé sur le banc de bois de la charrette, se penchait vers sa mère et son frère. Il jouissait avec un âpre bonheur de la vue de ces êtres adorés. Quand il les voyait faiblir, il se relevait et retrouvait de l'énergie. Les soldats qui accompagnaient la chaîne de galériens respectaient ces douloureux épanchements. Quelques forçats, vivement émus, prononçaient à mi-voix des paroles dans lesquelles se faisaient jour le regret et les remords. Lorsque la mère et le fils ne se parlaient plus, ils se regardaient, et leurs âmes s'entendaient et se fondaient dans un sentiment unique.

Mais la montée était gravie, la route redescendait; les chevaux entraînèrent plus rapidement les charrettes. Julitte se mit à courir afin d'accompagner encore son enfant. Ses forces s'épuisaient, le souffle lui manquait; sa main lâcha celle de Rémy, ses yeux se voilèrent...

— Adieu! adieu! cria le malheureux.

Sa mère tenta un suprême effort... Ce fut en vain... Elle tomba lourdement sur les genoux, agitant les bras dans la direction des voitures qui s'éloignaient au galop.

Elle vit une dernière fois Rémy tendre vers elle ses mains enchaînées, puis un grand bourdonnement se fit dans sa tête ébranlée, elle sentit blêmir ses lèvres, ses jambes s'engourdirent, et elle perdit le sentiment de ce qui se passait autour d'elle.

Paulin la crut morte. Le désespoir du petit muet ne peut se décrire. Il se précipitait sur le corps immobile de Juliette, le couvrait de baisers; puis, réunissant toutes ses forces, il tentait de le soulever. Vains efforts! La pâleur restait sur le front de la veuve, et l'immobilité paralysait ses membres. Paulin s'assit sur ses talons, le visage tourné vers elle, épiant son souffle, attendant le réveil de la vie.

Il sentit son impuissance; il devina qu'un secours était nécessaire. Ce secours il fallait le chercher, l'implorer... L'enfant ne sait point dans quelle direction il se trouve; il jette autour de lui un regard rapide, classe les objets dans sa mémoire, empreint son souvenir du paysage, et, sûr de retrouver les trois peupliers et le grand chêne, il se met à courir, cherchant des yeux une maison, interrogeant la route pour voir s'il n'aperçoit point de voyageurs.

Il sent qu'il faiblit à son tour. Si sa mère allait revenir à elle et ne plus le trouver à ses côtés? Si quelque troupeau, venant de la Crau, passait sur le chemin? Il songe à retourner près de Julitte et à attendre près d'elle le secours que Dieu donne aux malheureux, quand il distingue au loin deux hommes venant à sa rencontre. Cette vue lui rend des forces. Il court, il vole, les rejoint, et, par une mimique expressive, ses yeux pleins de larmes, la façon dont il cherche à entraîner les deux inconnus, ceux-ci comprennent vite qu'on a besoin d'aide non loin de là.

Les voyageurs ne se consultent pas; ils suivent l'enfant qui, les mains jointes, paraît les bénir de leur bonté! On lui adresse des questions. Il ne peut répondre. Indiquant de la main la direction des trois peupliers, il continue à courir, et les voyageurs aperçoivent enfin le corps étendu de Julitte. Elle ne donnait aucun signe d'existence.

L'un des voyageurs va puiser un peu d'eau et mouille les tempes de la pauvre femme; Julitte ouvre les yeux, reconnaît Paulin, le serre sur son sein avec une tendresse passionnée et fond en larmes.

— Vous ne pouvez marcher, lui dit le plus jeune des voyageurs; mais nous trouverons sans doute une cabane ou une auberge, et on vous y donnera l'hospitalité.

En effet, une heure après, Julitte était installée dans la salle basse d'une ferme de pauvre apparence.

Les deux étrangers étaient auprès d'elle. Celui qui se tenait à son chevet portait un vêtement délabré, en drap bleu; l'autre était vêtu d'un costume oriental. Paulin, attiré par la richesse des broderies, l'originalité des armes, s'approcha du dernier des voyageurs, s'assit sur ses genoux; puis, paisiblement et doucement, s'endormit. Pendant ce temps, Juliette s'entretenait avec le plus pauvre des voyageurs.

— Ne vous inquiétez de rien, lui disait-il; je laisserai à la fermière assez d'argent pour que vous ne manquiez pas du nécessaire... Ne pleurez pas non plus! Vous souffrez, et je vais prier pour vous...

— Mais qui êtes-vous donc? demanda la mère du condamné en fixant un regard reconnaissant sur l'étranger; vous pourvoyez à mes besoins... vous semblez deviner quelles douleurs déchirent mon âme, et l'accent de votre voix me ranime, et quand vous me promettez de prier pour moi, il me semble que je renais à l'espérance !

— Je suis un pauvre captif revenant de Tunis, répondit humblement le voyageur.

III

LE CAPTIF DE TUNIS

Sept ans avant le jour où il trouva Juliette mourante sur la route de Cette, le voyageur aux pauvres vêtements était à bord d'un petit navire faisant le service de Marseille à Narbonne. Une longue soutane de bure tombait jusqu'à ses pieds, drapant de larges plis sa taille grêle et un peu courbée. Son chapeau rougi par l'usage couvrait un front d'une sérénité admirable, et jetait une ombre sur des yeux d'une inexprimable douceur. Le dénûment de ce prêtre qui paraissait âgé de vingt-huit à trente ans, était réellement évangélique. En quittant le port de Marseille, ses mains avaient répandu de libérales aumônes; pour les autres il dépensait beaucoup, mais à lui-même il ne s'accordait rien. Les matelots du petit bâtiment le saluaient avec vénération; il leur parlait avec bonté. Le nom de l'abbé Vincent signifiait pour tous abnégation et pauvreté, les deux grandes vertus de l'apôtre.

La mer était belle; la traversée devait être rapide, et cependant le jeune prêtre ne tarda pas à voir se manifester des signes d'inquiétude dans l'équipage. On ne se parlait pas, on observait le mouvement de manœuvre simultané exécuté par trois navires en vue; et le capitaine répondit à la question que lui adressait l'abbé Vincent :

— Brigantins d'Afrique! mauvaise rencontre!
— Êtes-vous sûr d'être attaqué?
— Je vais tout disposer pour me défendre.

Il y avait douze hommes seulement à bord du navire. La petite pièce d'artillerie devenait presque inutile quand il s'agissait de lutter contre trois navires armés pour la course. Mais le capitaine était brave; il ordonna de monter les armes sur le pont, plaça ses hommes à leurs postes, garda pour lui-même le plus périlleux, en se chargeant de défendre le pavillon fleurdelisé; puis, quand tout fut prêt, il s'avança vers le prêtre.

— Monsieur l'abbé, lui dit-il, si j'en crois mes pressentiments, une scène terrible va se passer ici ; descendez, je vous prie, dans ma cabine, vous prierez pour nous.

— Non, monsieur, répondit le prêtre, je ne descendrai pas. Le lieu de combat est ma place comme la vôtre... Si le sang coule, il y aura des blessés à secourir, des mourants à réconcilier avec Dieu.

Le capitaine s'inclina et n'insista pas.

Les trois brigantins signalés s'avançaient à toutes voiles. L'un se proposait de couper la route au petit navire français, les deux autres comptaient le prendre en flanc, l'un à bâbord, l'autre à tribord. La lutte pouvait être acharnée, mais le résultat n'en était pas douteux. Le capitaine, décidé à se battre en désespéré, savait à l'avance qu'il était perdu. Les matelots et le pilote le sentaient également, et cependant pas un de ces hommes ne songea que l'on pouvait amener le pavillon et se mettre à la merci des corsaires.

Les brigantins marchaient toutes voiles dehors, et bientôt le bâtiment français se trouva cerné. Après avoir envoyé plusieurs boulets qui endommagèrent gravement la coque du navire, les trois brigantins jetèrent à la fois leurs grappins d'abordage, et la véritable bataille commença. Elle fut acharnée, terrible. Les pirates tunisiens se servaient à la fois de flèches et de larges sabres, les matelots français avaient le mousquet et la hache. Ils se battaient dix contre un, et cependant chaque matelot tenait en échec ses sauvages adversaires. Partout des prodiges de valeur se multiplièrent, les matelots grandissaient dans l'action; les uns défendaient le drapeau, les autres se tenaient prêts à couvrir de leur corps le capitaine, ou à servir de bouclier au jeune prêtre qui se jetait dans la mêlée pour porter secours aux blessés. Lui-même, atteint d'une flèche, agenouillé près d'un agonisant, écoutait ses derniers aveux sans se préoccuper de sa propre souffrance. Trois matelots succombent; les autres, criblés de blessures, sont entassés à l'avant, où les corsaires les ont traînés. La vie du pilote a été épargnée. On a besoin de lui pour suivre sans danger les côtes de l'Afrique. Le pont du petit navire présentait un tableau navrant. Au milieu de ces hommes couverts de sang, mutilés, l'abbé Vincent passait semblable à l'ange de consolation. Il lavait les plaies de l'un, réconfortait le cœur de l'autre, priant et pleurant quand il ne pouvait plus que prier et pleurer. Les corsaires le regardaient avec étonnement. Ils ne s'opposèrent point à ce qu'il remplît sa mission de consolateur et de médecin, car il était dans leur intérêt que les malades fussent soignés et guéris. L'abbé Vincent suffit à tout. Les trois matelots morts furent ensevelis par lui; agenouillé près du bastingage, il bénit leur dépouille mortelle au moment où on jetait les cadavres à la mer; puis, confiant dans l'infinie miséricorde, il revint vers ceux que Dieu condamnait à vivre. Les malheureux ne se faisaient aucune illusion sur le sort qui leur était réservé.

Les corsaires les vendraient comme esclaves, et savaient-ils si jamais la liberté leur serait rendue? Il y eut parmi ces hommes de navrantes explosions de désespoir. L'un redemandait ses enfants, l'autre pleurait sa femme, celui-là songeait à sa mère, tous regrettaient amèrement la liberté! Un fait horrible qui se passa à la vue de tous aurait suffi pour prouver aux malheureux ce qu'ils devaient attendre des pirates. Le pilote, épargné en vue des services qu'il pourrait rendre, ayant refusé d'indiquer la route à suivre, on l'attacha au pied d'un mât, et il fut lentement percé de flèches. Le digne homme périt victime de son patriotisme: en servant les barbares, il aurait cru trahir la France. Cette cruelle exécution augmenta le trouble et l'angoisse des blessés; pour comble de misère, ils se virent chargés de chaînes et jetés à fond de cale de l'un des brigantins. Le petit navire, dans la coque duquel avaient pénétré des boulets et qui s'enfonçait len tement, fut abandonné après avoir été pillé par les corsaires.

Les prisonniers, manquant d'air et presque de nourriture, entassés dans un étroit espace, brisés par le poids des fers qui rouvraient parfois des plaies mal cicatrisées, n'avaient d'autre soutien, au sein de cette immense détresse, que l'abbé Vincent. Il ne prenait aucun repos. On eût dit que la charité le soutenait. Il continuait ses soins la nuit aussi bien que le jour ; ceux des malades qui ne pouvaient reposer l'apercevaient agenouillé dans un angle de la cale. Après sept ou huit jours d'une course rapide, les brigantins se séparèrent. Celui qui portait les prisonniers aborda seul à Tunis.

Les corsaires étaient tenus d'indiquer, en arrivant dans un port barbaresque, à quelle nation appartenait le navire capturé. La ville de Marseille avait rendu de trop grands services aux différents royaumes de Maroc, de Tunis, aux villes de Tripoli, de Damiette, et avait reçu en récompense trop de franchises, pour qu'il fût possible d'avouer que les captifs étaient Français et que le bâtiment quittait la rade de Marseille. Le consul français à Tunis aurait immédiatement réclamé les prisonniers. Le capitaine du brigantin, pour ne pas perdre sa proie, déclara donc que le bâtiment attaqué, pris et coulé, portait le pavillon espagnol.

De ce moment il fut libre de disposer des captifs. Ceux-ci, en quittant le brigantin, furent conduits à travers la ville, au milieu d'une populace cruelle et curieuse. Leur malheur, leurs blessures n'attendrissaient personne. C'étaient des chiens de chrétiens ! ce mot disait tout. L'insulte les accueillait au passage. On se faisait une joie atroce de leur prédire les tortures de l'esclavage. Les hommes qui les conduisaient, autant pour satisfaire un besoin de férocité que pour plaire à la foule, faisaient de temps en temps siffler des fouets dont les lanières de cuir, s'abattant sur des épaules meurtries, traçaient des sillons sanglants. Quand, vaincus par la douleur, les compagnons de Vincent laissaient échapper un murmure, le jeune prêtre, d'un regard éloquent, leur montrait le ciel, ce grand justicier des injustices humaines. Vincent marchait pieds nus; il avait donné ses souliers à un pauvre mousse blessé au talon d'un coup de sabre. Son manteau couvrait les épaules d'un matelot dont le dos était criblé de blessures; et son chapeau protégeait le front du capitaine que coupait en deux une large ligne rouge. Le calme de sa physionomie n'était point altéré. Il soutenait non ses propres fers, mais ceux d'un de ses compagnons que les anneaux, serrés aux bras, faisaient cruellement souffrir. Son vêtement le désignait au peuple comme un prêtre chrétien, et il était le point de mire des outrages et des insultes; une fois même, une pierre l'atteignit au front. Il chercha du regard celui qui venait de le blesser, et, levant sa main droite, il le bénit.

On transféra les prisonniers dans une vaste maison construite en briques, et à partir de ce moment on les soigna non pas comme des hommes dignes d'égards et de compassion, mais comme une marchandise dont les avaries diminueraient la valeur. Le capitaine corsaire, ayant compris quelle influence salutaire Vincent exerçait sur ses compagnons, le laissa au milieu d'eux. Pendant un mois entier Vincent se fit tour à tour leur confident, leur confesseur et leur ami. Il ne leur déguisait point les souffrances futures de l'esclavage, mais aux uns il laissait entrevoir la visite des pères de la Merci, qui venaient, les mains pleines d'aumônes, arracher les chrétiens aux musulmans; aux autres il montrait une famille se cotisant pour payer une rançon; et si toutes ces espérances faisaient défaut, il leur promettait la récompense due au martyre. L'éloquence de l'abbé Vincent pénétrait l'âme. En répandant son cœur tout entier, il touchait le cœur de ceux qui l'écoutaient. Par la simplicité il arrivait au sublime. Les plus désespérés se calmaient à sa voix. Il portait en lui la consolation comme une faculté céleste. Il attirait, il gardait; il imposait sa foi ardente et sa charité plus ardente encore. Quand les captifs apprirent que le jour de la vente approchait, la pensée de quitter l'abbé Vincent leur parut plus cruelle que celle de l'esclavage. Toutes les défaillances de l'esprit les envahirent à l'avance. La dernière nuit passée dans l'habitation fut pleine de déchirements, d'angoisses et de larmes. Quand le jour se leva, Vincent fit pour la dernière fois la prière en commun, pressa dans ses bras ses malheureux frères, et attendit. On vint les chercher. Dans un but d'intérêt on s'occupa de leur personne, ils reçurent des vêtements, on leur servit un repas substantiel. La journée devait être fatigante pour eux. La place sur laquelle on vendait les esclaves était encombrée par la foule. Les acheteurs se pressaient, les curieux adressaient mille questions. Enfin la voix du crieur domina le bruit des conversations, et l'on commença les enchères. Le capitaine fut acheté par un conducteur de caravane, le mousse tomba aux mains d'un marchand de pierreries; les matelots suivirent des maîtres plus ou moins riches; Vincent fut vendu le dernier; il était d'apparence chétive, et en raison de la modicité du prix auquel on le laissa, il devint la propriété d'un pêcheur.

Le jeune prêtre suivit Gourmi dans une cabane misérable ; il reçut ordre de ranger les filets ; le soir il accompagna son maître à la pêche. Quand il se vit dans la barque lancée en pleine mer, lui qui avait été berger des landes et gardeur de moutons dans son village, il éprouva un vague sentiment de bonheur. Tous les divins souvenirs du lac de Tibériade, du lac de Génésareth lui revinrent à la mémoire. Il remercia Dieu de l'avoir fait pêcheur comme Pierre et Jean. Son inhabileté à la manœuvre lui valut de la part de Gourmi autant de leçons brutales que de grossières injures ; mais l'esclave possédait son âme par la patience, et toute la colère de Gourmi se brisait contre sa douceur, de même que les orages de la mer expirent sur le sable des grèves. Vincent se prit à aimer son labeur ; il le remplit d'abord par devoir, mais bientôt la magnificence de la mer, les splendeurs du ciel qu'il voyait si bien, s'emparèrent de son âme contemplative. Tandis qu'il aidait Gourmi à jeter les filets, à retirer le poisson, à conduire la barque, à manœuvrer les voiles, les paroles de David et les chants des prophètes lui revenaient à la mémoire, et il s'écriait avec eux :

« O Dieu ! la mer a élevé sa voix, la mer a soulevé ses eaux et leurs vastes mugissements.

» Admirables sont les élancements de la mer, plus admirable est le Seigneur dans la hauteur des cieux.

» Seigneur, mon Dieu, que vous êtes grand dans votre magnificence !

» Vous étendez les cieux comme un pavillon : les eaux demeurent suspendues autour de votre sanctuaire, les nuées sont votre char, vous marchez sur l'aile des vents.

» Les orages sont vos messagers, et les flammes vos ministres.

» Vous avez affermi la terre sur ses fondements, et les siècles ne l'ébranleront pas.

» L'abîme des eaux l'enveloppait comme un vêtement : les eaux couvraient les montagnes ;

» A votre menace elles ont fui ; au bruit de votre tonnerre elles se sont écoulées. »

Mais les heures pendant lesquelles, assis au gouvernail, il pouvait s'abandonner en paix à de pieuses pensées, étaient suivies d'épreuves multipliées, difficiles. Si l'âme gardait ses ailes, le corps succombait. Le jeune prêtre, écrasé par les fardeaux, obligé à un labeur trop rude, sentait décliner ses forces. Il ne se plaignait jamais, mais la fièvre le brûlait presque tout le jour. Bientôt une insurmontable langueur s'empara de lui. Gourmi le châtia, le battit cruellement; il se vit forcé de reconnaître que Vincent serait toujours incapable de lever des fardeaux, de conduire la barque pendant la nuit, et qu'il succomberait bientôt, plié sous le poids des paniers de poisson qu'il lui fallait porter au marché. Lassé de commander à un homme qui ne demandait pas mieux que de remplir son devoir, mais dont la nature physique secondait mal le courage moral, Gourmi résolut de revendre le chétif esclave.

On voyait alors de temps en temps dans les rues de Tunis un vieillard à barbe blanche, couvert de vêtements sordides. Les enfants le suivaient avec des huées. On l'appelait Ali-Moïa, et les hommes les plus savants, de même que les plus riches marchands ou propriétaires de Tunis, le saluaient avec un respect qui n'était pas exempt d'une crainte superstitieuse. Ali-Moïa, très-attaché à l'islamisme, s'occupait cependant moins du Coran que de certains livres mystérieux achetés par lui, au prix d'une fortune, à un Français qui disait les tenir des héritiers de Nicolas Flamel. Ce Français, originaire de Nice, aventureux, hardi, et prêt à tout, même au crime, pourvu qu'il atteignit son but, s'empara si bien de l'esprit d'Ali-Moïa, que le musulman, après lui avoir fait traduire l'*Opus Majus*, publié en 1270 par Roger Bacon, lui promit de lui léguer les millions qu'il possédait, s'il consentait à devenir son maître dans la science de l'alchimie, et l'aider à la poursuite du grand œuvre. Le Français accepta d'abord avec enthousiasme. Mais, au lieu d'un élève, il trouva un fanatique. Les millions promis pouvaient s'en aller en fumée dans le creuset; Ali-Moïa, penché toute la nuit sur les fourneaux, ne pouvait se passer de son aide. Bernard de Nice, qui avait pris le nom d'Ahmed en abjurant la religion de ses pères, trouva bientôt que son maître devenait un tyran, et pensa qu'il ne tarderait point à se changer en bourreau. La passion de l'alchimie est une de celles qui ont produit le plus de ravages dans le cerveau des hommes livrés aux études dévorantes. Cette passion mène à la ruine et à la folie. Une nuit, Ahmed s'enfuit de la maison d'Ali-Moïa, en emportant les sacs de sequins qui avaient payé la copie du manuscrit de l'*Opus Majus*.

Resté seul dans sa maison, dont il avait éloigné ses amis et chassé les serviteurs, comme autant d'espions, Ali-Moïa continua ses études avec une fiévreuse persistance. Il ne tarda pas cependant à s'apercevoir que le labeur auquel il se livrait souffrait de sa solitude. Un aide lui devenait indispensable. Tandis qu'il préparait les mixtures de l'élixir de longue vie et les éléments primitifs de l'air, il fallait qu'un esclave, un élève soufflât le feu des fourneaux. Il n'avait besoin que d'une machine inerte, d'une chose, d'un outil. Ali-Moïa passait par hasard sur la place où l'on trafiquait des esclaves, quand Gourmi parut, tenant attaché au poignet, par une corde, Vincent dont il voulait se défaire, afin de le remplacer par un robuste serviteur.

Ali-Moïa, qui avait subi l'influence d'Ahmed le Renégat, eut tout de suite la pensée d'acheter cet esclave. Le labeur nécessaire pour le laboratoire n'excéderait point les forces de Vincent. L'idée d'être servi par un Français, peut-être aidé par lui, s'empara vivement de l'esprit d'Ali-Moïa. Les hommes de France étaient réputés pour leur savoir, et la physionomie intelligente du captif frappa vivement l'alchimiste tunisien.

En un instant le marché fut conclu entre le pauvre pêcheur et le riche propriétaire. Celui-ci fit un signe à Gourmi, la corde qui retenait les bras de Vincent tomba, et celui-ci marcha derrière son nouveau maître, sans se demander si cette condition ne serait point pire que la première.

La différence était grande entre la cabane de Gourmi et l'habitation d'Ali-Moïa. Cependant, au fond, la pénurie était la même. Si les vêtements de l'alchimiste avaient été riches, ils tombaient en lambeaux comme les haillons du pêcheur. Tachés par des essences, troués par le feu, déchirés en maint endroit, ils couvraient sans l'habiller le corps desséché d'Ali-Moïa. Dans l'intérieur de la maison on remarquait les mêmes traces d'incurie. Les meubles étaient de bois précieux et d'étoffes brochées d'une grande valeur; mais la poussière les couvrait et les souillait; les dalles finement peintes, les dorures disparaissaient sous des couches de fumée ou se dénaturaient sous des émanations violentes. Ali-Moïa désertait, du reste, toutes les pièces de son habitation, hors une seule, celle qui lui servait de laboratoire. A prix d'or, et grâce à l'intermédiaire d'Ahmed le Renégat, il avait fait venir de France tout ce qui alors était regardé comme nécessaire à l'ameublement d'un cabinet d'alchimiste. Un grand fauteuil de bois sculpté se trouvait en face d'une table, sur laquelle s'entassaient en désordre les manuscrits précieux, les têtes de mort, les compas, les bocaux, au fond desquels tremblaient des feuilles d'or. Au plafond se balançaient des squelettes humains, des crocodiles, des chauves-souris, et une lampe de fer aux becs de forme bizarre. Autour de la chambre, posés sur des planches, les cornues, les alambics, les fioles dressaient leurs cous allongés en serpents et tordus en vrilles, s'arrondissaient les ventres des vases de cristal; et classés, étiquetés, on voyait, auprès des matras de charbon, des minéraux doués d'une puissance occulte, des plantes desséchées, cueillies à des époques déterminées ; empilés les uns sur les autres, cornés aux angles, marqués de signets, les livres hermétiques et les pages de la Kabale.

Lorsque Vincent pénétra dans cette étrange cellule, il regretta la cabane de Gourmi le pêcheur.

— Vois-tu, lui dit Ali-Moïa en lui désignant les devises couvrant les murs, les feuilles de parchemin représentant les sept planètes et formant les mystérieux calculs de leur influence sur la destinée des hommes ; dans cette chambre sombre est renfermé le secret qui renouvellera la face du monde! Ici je commande aux quatre éléments, et, grâce à eux, le grand œuvre subira des transformations successives. J'arriverai à trouver l'âme même du monde! Je sais déjà que la glace, renfermée sous la terre pendant dix siècles, se change en cristal de roche; que le plomb est le métal élémentaire. L'or n'est pas un métal ; l'or est une condensation de la lumière. Manou l'a deviné, Zoroastre l'enseigne : l'âme du grand tout, c'est le feu, le feu souterrain courant dans les entrailles de la terre pour y former les diamants. Quand les courants de feu se rencontrent et se choquent dans le ciel, ils produisent la lumière ; à leurs points d'intersection dans la terre, ils engendrent une lumière qui, resserrée, concentrée, donne l'or ; tout peut se changer en or. La lumière est de l'or pur. Il s'agit seulement de découvrir le secret de la concrétion du rayon lumineux. Et je suis sur la voie. Averroës avait trouvé le moyen d'enfouir un rayon de soleil sous le pilier d'un sanctuaire célèbre à Cordoue. Mais il faut huit mille ans pour s'assurer de la perfection de l'épreuve... Et, ajouta Ali-Moïa devenu rêveur, vivrai-je encore dans huit mille années ?

— *L'homme né de la femme vit peu de jours*, répondit Vincent.

— Oui, répondit Ali-Moïa, à qui plut cette courte et sentencieuse parole ; mais il est, parmi les êtres nés de la femme, des hommes qui, dédaignant la matière au profit de l'âme, trouvent le secret de prolonger la durée de leur mortelle existence.

— L'âme est immortelle, dit Vincent. Née de Dieu, elle aspire au jour où elle se confond dans son principe. Pourquoi souhaiter la prolongation de son exil ?

— La science est une immortalité aussi, répliqua le musulman.

— Je sais, répondit Vincent, où se trouve *une chose plus précieuse que les perles, et que les pierreries n'égalent pas!*

Ali-Moïa s'avança vers lui.

— Je l'ai deviné, dit-il, tu connais plus de mystères qu'Hamed lui-même, et les bons génies t'ont amené vers moi! Ne te défends pas de savoir ce que j'ignore. Mets seulement ta bonne volonté à me seconder dans mes études, et pas un homme de Tunis ne t'égalera en richesses et en renommée !

— Vous avez raison, répliqua Vincent avec un sourire empreint de sérénité. *Préférez mes enseignements à l'argent, et ma science à l'or le plus pur... mes dons valent mieux que le saphir... je découvre à ceux qui m'aiment des biens véritables pour remplir leurs trésors!*

Ce mystique langage convainquit mieux Ali-Moïa que toutes les promesses. Il ressentit pour son esclave un attachement voisin du respect. Il n'osait l'interroger. Quand il lui donnait des ordres, il le faisait en s'excusant, pour ainsi dire, de le charger d'infimes détails, lorsqu'il embrassait les points les plus opposés et atteignait les plus hauts sommets de la science hermétique.

Vincent profitait de la confiance qu'il inspirait à l'alchimiste pour l'entretenir de philosophie religieuse. Sans se hâter, doucement, en procédant par insinuation, il l'initiait aux mystères d'une science bien autrement précieuse que celle des transmutations métalliques. Mais Ali-Moïa ne tenait pas moins au mahométisme qu'à l'alchimie. Il aurait attaché autant de prix à l'abjuration de son esclave qu'à la découverte de la pierre philosophale. Il restait d'ailleurs convaincu que jamais un chrétien ne livrerait le secret de la Kabale à un observateur du Coran. Le sectateur de Mahomet et le prêtre chrétien laissèrent donc de côté plus d'une fois les recherches de Zoroastre, pour se préoccuper des questions de doctrine religieuse. Ali-Moïa employa tous les moyens de séduction pour attirer le jeune prêtre à sa doctrine. Il lui offrit de lui abandonner immédiatement la moitié de sa fortune et de lui en laisser la totalité après sa mort; il est vrai qu'il espérait vivre plusieurs siècles. Comme l'intelligence et la douceur de Vincent le charmaient, il s'adressa en même temps à son cœur. Mais quand, épuisé par un discours plein de promesses, il attendait l'effet produit par son éloquence, le prêtre lui répondait :

— Pourquoi offrez-vous les richesses de ce monde à celui qui a épousé la pauvreté? espérez-vous me tenter en me promettant l'initiation à une science mensongère poursuivie en vain depuis des siècles ? Je connais, moi, la seule chose nécessaire... Les promesses de mon Dieu sont telles que la magnificence de tous les rois de la terre ne les saurait égaler... et pour me rendre digne de leur accomplissement, il n'est point nécessaire que j'entreprenne des travaux difficiles, que je devienne célèbre parmi les hommes; je puis continuer à vous servir humblement comme un esclave, parce que la volonté de mon Dieu est que je reste ainsi !

Si Ali-Moïa, en essayant de vaincre la fidélité religieuse de Vincent ne gagnait rien sur son esprit, il ne perdait rien de son obéissance comme serviteur. Tout en déplorant de voir se dissiper dans les creusets des matières dont la valeur aurait payé la rançon de tant de chrétiens, assidu à tous ses devoirs, Vincent préparait les mixtures, soufflait les fourneaux, surveillait les cornues. Le feu des creusets desséchait Ali-Moïa; le vieillard perdait le sommeil; ses recherches pour découvrir l'élixir de vie amenaient des résultats négatifs; le désespoir s'emparait de lui à toute tentative avortée Il sentait décliner ses forces. Son cerveau battait sous son crâne, le sang appauvri manquait dans ses veines; il tremblait perpétuellement, et sa main n'était plus assez sûre pour mêler dans la proportion voulue les substances et les infusions de plantes magiques.

— Oh! la vie! la vie! murmurait le malheureux en se courbant sur sa table pour relire l'*Opus Majus* et y chercher le secret de prolonger indéfiniment l'existence.

— La vie! lui dit un soir Vincent, j'en ai le secret; la vérité m'éclaire de son flambeau; la route immortelle, je la suis... Vos minutes sont comptées, Dieu les tient dans sa main... qu'il l'ouvre, et votre corps retourne à la poussière... et cette poussière elle-même revivra pour voir son Rédempteur au dernier jour! Voulez-vous l'eau du baptême, cette goutte du fleuve de la vie éternelle, capable d'éteindre les flammes des entrailles du monde? Hermès a dit le dernier mot de sa science! Et les simples de l'Évangile sont seuls en possession de la lumière et de la sagesse.

— Non! dit le vieillard, je ne quitterai point la foi de mes pères; un jour viendra où je trouverai...

Ali-Moïa s'affaiblissait de plus en plus. On avait cessé de le voir dans les rues de Tunis. L'esclave allait chercher les choses indispensables à la vie, de même que les métaux, les poudres et les essences nécessaires. Un matin un jeune homme frappa à la porte de la maison de l'alchimiste.

L'esclave était sorti; le vieillard alla ouvrir.

— Ben-Saouël! s'écria-t-il; et il voulut refermer la porte sans permettre au visiteur d'entrer dans sa maison.

— Le fils de votre frère, répondit le jeune homme.

— Que venez-vous faire ici? que voulez-vous? poursuivit Ali-Moïa; vous avez eu une jeunesse folle, et sur la nouvelle que je m'affaiblis un peu, vous accourez, semblable aux corbeaux qui guettent les morts... mais on vous a trompé... je ne suis pas mort... je ne peux pas mourir... je veux vivre!

La colère suffoqua le vieillard; il tomba pantelant sur un siége.

— Je viens vous demander une place chétive dans cette immense maison que vous n'habitez plus, et partager le pain de votre table!

— Jamais! jamais! Tu viens pour m'épier, pour surprendre le secret de la transmutation des métaux, pour découvrir avant moi la pierre magique... mais je suis prudent, et l'étude de toute mon existence ne sera point transmise en héritage.

Lorsque Vincent rentra, il trouva son maître en proie à une fièvre ardente. Le vieillard voulut obliger l'esclave à chasser Ben-Saouël, mais le prêtre le rassura si bien au sujet de ses secrets, et lui promit de veiller avec tant de soin sur le neveu prodigue, que lassé, épuisé, Ali-Moïa s'endormit dans son fauteuil.

Il se réveilla au milieu de la nuit et appela Vincent. Celui-ci accourut.

— Depuis neuf ans, lui dit le vieillard, je poursuis une redoutable expérience... dans une heure j'en connaîtrai le résultat... j'ai besoin d'une solitude absolue... Tu vas quitter la natte sur laquelle tu reposes d'ordinaire, et, pendant le reste de la nuit, tu dormiras auprès de Ben-Saouël.

Vincent obéit.

Au bout d'une heure il fut réveillé par un fracas épouvantable. Toute la partie de l'habitation avoisinant le laboratoire de l'alchimiste venait de s'écrouler. La flamme montait, menaçant de dévorer le reste du bâtiment. Ben-Saouël alla demander du secours, l'esclave se précipita au milieu des décombres, franchit des torrents de feu pour essayer de retrouver Ali-Moïa et de l'arracher à la mort; mais arrivé dans le cabinet de l'alchimiste, il n'aperçut qu'une masse inerte presque entièrement carbonisée. Le vieillard en surveillant sa dernière expérience était tombé le visage sur ses fourneaux; des vapeurs délétères l'avaient asphyxié; dans sa chute il renversa une fiole contenant une matière fulminante, et une explosion terrible suivit un premier malheur. Au matin un grand nombre d'ouvriers déblayaient les ruines de l'aile gauche de la maison. L'or monnayé s'était changé en lingots, et le peuple s'obstina à croire et à répéter qu'Ali-Moïa avait découvert la transmutation métallique. Ben-Saouël ayant recueilli l'héritage, vendit le terrain et les ruines de l'habitation de son oncle, puis il envoya Vincent au marché d'esclaves : le soir même il était vendu.

Le dernier maître, nous le connaissons, c'était Ahmed le Renégat, l'ancien préparateur et disciple de l'alchimiste musulman.

IV

LE TÉMAT

L'endroit où demeurait Ahmed était éloigné de la ville. L'habitation couronnait le plateau d'une montagne crayeuse, nue, privée d'arbres et presque de fontaines. Tous les vents torrides du désert soufflaient sur cette colline désolée. La culture en était difficile, les produits rares. Il fallait arroser le sol sablonneux de bien des sueurs pour y faire croître les choses indispensables à la vie. La rareté de l'eau doublait la fatigue et les difficultés. On ne parvenait à abreuver les troupeaux qu'en multipliant de longues courses dans des chemins brûlants, et sous l'ardeur d'un soleil de feu. Ahmed le Renégat avait pris d'un prince tunisien le *Témat* en fermage. Les sommes énormes gagnées chez le vieil alchimiste avaient fondu dans ses mains. Bien qu'il eût abjuré le catholicisme pour flatter les musulmans, ceux-ci, après avoir soldé sa lâcheté, le tinrent éloigné d'eux par mépris. Les transfuges de camp, les espions, les renégats reçoivent le salaire promis, mais n'ont jamais droit à l'estime. Tenu à distance par les mahométans, fui par les chrétiens, devenu presque pauvre, Ahmed accepta comme une situation inespérée cette place de fermier régisseur. Il employa ses derniers fonds à l'acquisition d'instruments aratoires, de chevaux, de dromadaires et d'esclaves, et partit pour le *Témat*, emmenant avec lui une jeune fille qu'il avait épousée suivant les rites de la religion musulmane. Aïka était belle, timide, douce, presque craintive. Son époux lui faisait peur à l'égal d'un maître. L'amour qu'il éprouvait pour elle, refrénait cependant la violence du caractère d'Ahmed; mais plus d'une fois, quand le renégat se croyait seul, Aïka l'entendait parler haut; il semblait se défendre contre une accusation, ou bien il élevait la voix pour maudire. Une douleur étrange crispait sa face, il poussait des cris sourds en martelant son front de ses poings fermés; puis il lançait un sinistre éclat de rire, ouvrait une fenêtre, et tâchait d'aspirer le calme des nuits et de le faire pénétrer dans son âme. Aïka croyait Ahmed possédé par un mauvais esprit. Sa tendresse était mêlée de crainte. Elle pleurait parfois dans la solitude, se demandant quel remède elle pourrait employer pour adoucir les souffrances secrètes de son époux. Elle se fit composer des sachets de poudres magiques, et les plaça dans les habits d'Ahmed ; elle récita pour lui les versets du Coran ; elle broda des sentences douées d'une superstitieuse puissance, sur la ceinture dont il entourait sa taille ; elle n'obtint aucun résultat. Son affection manquait de hardiesse. Si elle avait questionné Ahmed, peut-être le malheureux aurait-il laissé voir sa blessure ; mais elle se contenta de l'aimer en silence et de le plaindre. L'amour d'Ahmed avait des élans soudains de passion sauvage, et alors il effrayait la tremblante Aïka ; puis l'atonie succédait à ces phases rapides pendant lesquelles il tentait vainement de se cramponner à son dernier débris de bonheur. Son impuissance le rejetait dans la solitude, et Aïka pleurait en silence, s'accusant de ne point savoir le rendre heureux.

Un esclave était mort au Témat ; pour le remplacer Ahmed descendit à la ville et fit l'acquisition de Vincent. Certes la physionomie pâle, ravagée, momifiée d'Ali-Moïa n'était pas faite pour attirer la sympathie ; mais le visage d'Ahmed était plus repoussant encore. Son regard fuyait le regard sous de lourdes paupières; sa bouche raillait, son front se couvrait de rides précoces. Il paraissait toujours craindre qu'on le devinât. Ses paroles étaient brèves, ses ordres durs. Le neveu d'Ali-Moïa lui céda le pauvre prêtre pour une somme minime. Le soir même, Vincent quittait Tunis, et gravissait à pied les pentes de la montagne sur le plateau de laquelle se dessinaient les blanches terrasses de l'habitation.

On désigna à l'esclave nouvellement acheté une place dans l'angle d'une salle où couchaient ses compagnons de travail. Un amas de feuilles de maïs lui devait servir de lit. Après avoir retrempé son esprit et son cœur dans la prière, et demandé à Dieu de rendre utile sa présence dans cette maison, Vincent, épuisé de fatigue, s'endormit. De sourds gémissements le réveillèrent ; l'esclave placé à côté de lui se plaignait. Vincent se lève, s'approche du malheureux, et lui demande s'il a besoin de secours :

— J'ai besoin de mourir !... répond l'esclave.

— Mon ami, reprit Vincent, je suis comme vous la propriété d'un maître ; nos malheurs sont les mêmes; il me serait doux de vous soulager.

— J'ai reçu hier cent coups de fouet, reprend l'esclave, la fièvre me dévore et la force me manque pour aller chercher la cruche d'eau. Mes plaies ne sont point pansées et me font cruellement souffrir.

— Quoi! dit Vincent, vos compagnons vous ont laissé dans cet état?

— Pourquoi pas? Dans quelques jours, demain peut-être, pour la faute la plus légère, ils encourront un châtiment semblable.... et je ne me sentirai pas plus ému de pitié qu'ils ne le sont aujourd'hui.

Vincent se leva. La lune éclairait pleinement la salle ; il découvrit la jarre pleine d'eau ; et prenant mille précautions pour ne point éveiller les dormeurs, il l'apporta auprès du blessé.

Alors, avec l'habileté d'un médecin et la douceur d'une femme, il lava les blessures de l'esclave, plaça sur son dos des bandes croisées de tissu de coton, et le força de quitter son lit brûlant pour se coucher sur la paille fraîche qu'on lui avait donnée. Et tandis que Turyeli balbutiait des remerciments, Vincent lui parlait bas en rapprochant de son cœur la tête du malade. Pendant sa première nuit passée au *Témat*, Vincent n'avait pas goûté une heure de repos, mais il avait conquis un ami.

Peu à peu, il ne fut pas seulement l'esclave d'Ahmed, mais il devint le serviteur de ses compagnons.

Sa bonté s'étendait à tous. Si l'un d'eux se trouvait trop las pour aller abreuver les chameaux, Vincent remplissait cet office à sa place.

Le plus jeune, le plus indomptable des noirs de l'habitation, ayant dérobé quelques fruits, Vincent profita de son absence pour s'avouer coupable de cette faute. Quand le voleur rentra et qu'il apprit ce qui s'était passé, il voulut révéler la vérité au maître; mais Vincent le supplia de n'en rien faire, lui assurant qu'il était heureux d'avoir subi un châtiment pour l'amour de lui.

Pendant les longues journées consacrées au labour, afin d'élever sa pensée et de la détacher de la terre, Vincent entonnait d'une voix angélique le cantique du *Salve Regina !* Son âme vibrait dans les paroles sacrées; il oubliait ses douleurs, son exil, il cessait de sentir le poids de l'épreuve. Ce chant que tout enfant il répétait dans la chapelle des moines qui l'instruisirent, lui laissait revoir dans de vagues lointains l'église du village de Pouy tout illuminée de cierges, ses frères et ses sœurs agenouillés près de l'autel... Les compagnons de Vincent, bien qu'ils ne comprissent point le sens des paroles latines, s'arrêtaient pour l'entendre. A les voir appuyés sur leurs bâtons de pasteurs ou le front des taureaux conduisant les attelages, on eût dit une scène antique, représentation animée de quelque récit de la Bible. Quand les anges voilés par une forme humaine traversaient les champs d'Aham pour venir se reposer sous sa tente, leur face devait briller de la séraphique expression reflétée par le visage de Vincent.

Le sol était dur, le labeur aride, *du sein de la vallée de larmes*, l'exilé envoyait le cri de sa lamentation. Il ne faisait point sur lui un inutile retour. Oubliant sa misère, il se complaisait dans le triomphe de la REINE saluée d'acclamations d'amour. Il la voyait apparaître, les pieds posés sur le croissant des nuits, couronnée d'étoiles; de ses mains étendues les rayons lumineux s'épandaient sur la terre. Qu'importait alors qu'il fût dans les fers, nu et pauvre comme Job : *Salve Regina!* répétait-il, et il croyait entendre au milieu les soupirs de la brise dans les palmiers, le chœur des vierges lui répondre.

Vincent s'imposa par ses bienfaits ; il captiva par sa voix. Orphée chrétien, il charmait les natures farouches des fils du désert.

Les laboureurs ne manquèrent point de parler aux servantes d'Aïka du chant étrange, inconnu, de l'esclave d'Europe, et les filles tunisiennes excitèrent si bien la curiosité de leur maîtresse, que celle-ci, profitant un jour de l'absence d'Ahmed, se rendit dans le champ que Vincent labourait.

La musulmane, enveloppée de triples voiles, demanda à entendre les cantiques des rives étrangères. Assise sous un palmier dont les parasols formaient un dais au-dessus de son front, le menton dans la paume de l'une de ses mains, les yeux levés sur Vincent, elle l'écoutait redire cette lamentation sublime :

« Près des fleuves de Babylone nous nous sommes assis, et nous avons pleuré en nous souvenant de Sion.

» Aux saules de leurs rivages nous avons suspendu nos harpes.

» Là, ceux qui nous emmenèrent en captivité nous ont demandé le chant de nos hymnes.

» Ceux qui nous ont traînés captifs nous ont dit : — Chantez-nous un des cantiques de Sion.

» Comment chanterons-nous le cantique de Sion dans une terre étrangère?

» Si je t'oublie, Jérusalem, que ma droite s'oublie elle-même !

» Que ma langue s'attache à mon palais si je ne me souviens pas de toi,

» Si Jérusalem n'est pas toujours ma première joie ! »

Quand Aïka se fut laissé bercer par cette mélodie plaintive, elle pria Vincent de lui traduire les paroles du cantique de l'esclavage.

Le captif le fit et lui raconta quelques épisodes de l'histoire des tribus de Juda et d'Israël. La musulmane revint le lendemain dans le champ, s'assit à la même place et questionna Vincent sur sa famille, son histoire. Il raconta succinctement les premiers épisodes de sa vie de pasteur, son entrée chez les Cordeliers, sa vocation, son voyage à Marseille, sa capture, son séjour chez l'alchimiste. Aïka, dont le cœur souffrait, et qui sentait le besoin d'une consolation, trouvait non-seulement un plaisir, mais un repos dans la conversation de Vincent. Elle l'interrogeait sur les dogmes de la religion chrétienne, elle éprouvait des étonnements pleins d'admiration pour un culte basé sur le sacrifice. Les pures régions du catholicisme l'attiraient. Pauvre fille livrée par son père à un époux qu'elle n'avait point eu le droit de choisir, elle ressentait une admiration mêlée d'envie pour cette religion qui sanctifiait le voile de la vierge. L'image d'un Dieu crucifié pour le salut du monde, et d'une fille des hommes appelée à l'honneur d'une maternité céleste, remplissait son cœur d'attendrissement. Elle ne songeait pas qu'elle devenait infidèle au culte de ses pères; il lui semblait que de tout temps elle avait joint les mains devant un groupe formé d'une jeune mère et d'un petit enfant. Quand elle eut appris lentement les dogmes de la foi, écouté le *sermon de la montagne*, et la prière unique que le Sauveur enseigna, elle fut prise d'un immense désir de voir s'accomplir les rites chrétiens. L'initiation de son âme ne lui paraissait pas complète. Elle s'attendait à être témoin d'un prodige, elle supplia Vincent de l'accomplir pour elle.

— Je sais, lui dit Aïka, je sais que tu exposes ta vie ! Si Ahmed surprend le secret de ces mystères, je suis condamnée, et tu es perdu avec moi ! Mais tu m'as dit que ta joie suprême serait de mourir comme ton Dieu... Eh bien ! une nuit, pour moi, pour les esclaves dont tu as fait des disciples, tu célébreras le sacrifice chrétien.

— Aïka, répondit Vincent, il sera fait selon votre désir.

— Quand ? demanda la jeune femme.

— La nuit prochaine, sous l'œil de Dieu et le pavillon du ciel, nous dresserons un autel dans la campagne... Alors vos yeux s'ouvriront, et comme les Mages, vous verrez l'étoile nouvelle, l'étoile du salut.

Le soir, à l'heure où la maison semblait ensevelie

dans un repos profond, personne ne dormait ; Aïka, entourée de ses femmes, attendait un signal. Sa Nubienne favorite avait porté à Vincent des voiles précieux, des vases à parfums, des lampes remplies d'huile aromatisée et un vase d'or auquel elle tenait extrêmement. La nuit était étoilée comme les plus belles nuits de l'Orient. Vers minuit, un léger coup fut frappé à la porte de l'appartement de la jeune femme. Elle se leva ; et, suivie de ses servantes, elle traversa les corridors silencieux, le jardin désert, et se trouva bientôt en pleine campagne.

Elle pressait le pas. Il y avait dans sa marche légère de la curiosité et de l'allégresse. Des groupes se détachaient plus loin sur l'horizon transparent; quelques lumières scintillaient sous le bouquet d'arbres. L'autel était formé de gazon, comme ces *témoignages* que l'on élevait aux premiers âges du monde après l'échange d'un serment. De la cime des palmiers tombaient comme une tente légère les draperies brodées envoyées par Aïka. Les troncs écailleux servaient de colonnes au temple improvisé. Derrière l'autel, complément de l'agreste et biblique tableau, on apercevait les dromadaires couchés sur le sable, et les bœufs éveillés par la clarté des lampes. Deux groupes de tourterelles troublées dans leur sommeil, roucoulaient sous les palmes ; à terre des vases de marbre faisaient monter une blanche et odorante fumée.

Vincent portait encore son costume d'esclave, et cependant il était presque impossible de le reconnaître, tant était grande la transfiguration de son visage.

A travers ses voiles Aïka observait, se demandant de quoi se composerait le sacrifice offert?

Elle vit du pain sur un plat d'argent, et tout auprès une coupe remplie de vin : ce fut tout.

Ses filles de service et les esclaves compagnons de Vincent entouraient l'autel. Ils se tenaient debout, attendant avec anxiété. Un geste du prêtre captif les fit agenouiller, et le sacrifice chrétien, tradition de l'immolation du Calvaire, commença pour eux. Ils ne comprirent point ce que disait Vincent; ils le virent à plusieurs reprises se tourner vers eux avec un geste d'autorité ; fléchir le genou devant l'autel et lever les mains en signe de supplication, présenter à Dieu la coupe d'or, puis, comme écrasé par le pouvoir dont il se trouvait investi. tomber sur ses genoux, anéanti, muet, perdu dans l'extase de l'adoration.

Ensuite, reprenant le pain changé en une chair divine par des paroles douées d'une vertu surhumaine, et le vin qu'il venait de transformer, Vincent se tourna vers les assistants, et, sans que ceux-ci comprissent quelle force les courbait, quelle impression envahissait leur âme, ils touchèrent le sol du front, comme si un éclair venait de les aveugler...

A un cri de rage et de malédiction poussé derrière eux, ils se redressèrent : Ahmed, l'œil sanglant, un couteau à la main, ivre de frénésie, venait de saisir Aïka par ses voiles et la tenait renversée à terre...

Vincent, armé seulement du vase d'or qu'il vient de consacrer, quitte sa place, et, calme, imposant, il dit à son maître d'une voix empreinte de toute l'autorité du sacerdoce :

— Voici le sang du Dieu que tu as vendu ! voici la chair de l'Agneau que tu as livré...

Ahmed lâcha Aïka et recula d'épouvante.

— A genoux ! continua Vincent, à genoux ! Il n'y a à cette heure que le ministre de Dieu auquel tu ne toucheras pas.... demain tu feras bâtonner l'esclave !

Ahmed garda le silence ; il frissonnait, son front se baissait vers le sol ; on eût dit qu'il eût souhaité que la terre s'entr'ouvrît pour l'engloutir ; un cri pareil à un sanglot déchira sa poitrine.

— Judas ! Judas ! répéta-t-il ; il s'enfuit à travers la campagne comme un insensé...

Pendant la soirée, Ahmed s'était trouvé en proie à ces crises douloureuses qui faisaient un supplice de sa vie. L'air lui manquait, les souvenirs l'obsédaient. Il ne voulait pas s'avouer à lui-même la cause de sa souffrance. Il tentait de se persuader qu'un mal physique le dévorait. Mais il ne parvenait pas à se convaincre. Sa conscience offensée se vengeait et criait dans le silence des nuits. Ses songes lui faisaient retrouver les images reniées... sans trêve devant ses yeux fermés se présentait un crucifix sanglant... Les sept paroles dites du haut de la croix bourdonnaient à ses oreilles... D'autres fois il s'imaginait être seul, tout seul, perdu sur l'immensité des mers... une barque disparaissait dans le brouillard lumineux du matin ; à l'arrière de cette barque il voyait une majestueuse figure étendant la main sur les flots pour les calmer... mais à mesure que fuyait la barque et que s'éloignait le maître des vagues, la tempête grandissait autour du malheureux ; des montagnes d'eau passaient par-dessus sa tête ; il se croyait englouti au fond des abîmes, puis quand, revenu à la surface de l'onde, il cherchait éperdu une planche, un débris de navire, il ne voyait, flottant sur les flots, qu'une croix de bois à laquelle il ne pouvait atteindre... Il sentait que le salut était là... Ces deux morceaux de cèdre, liés ensemble, valaient mieux que le plus sûr navire; mais, désespérant de les saisir, il roulait d'abîme en abîme, comme une épave, et les voix de tempête répétaient : — renégat ! renégat ! — Il se réveillait de ces sommeils troublés, plus pénibles que l'insomnie, le front couvert de sueur, l'âme déchirée. Il avait besoin d'entendre une voix humaine, il lui fallait répandre en cris aigus une douleur inouïe que rien ne pouvait apaiser. Au sortir d'un rêve terrible, Ahmed, qui parcourait sa chambre à grands pas, s'arrêta tout à coup en face d'une fenêtre donnant sur la campagne. Il aperçut des lumières dans le lointain. Étonné, curieux, il quitta la maison, franchit la route en quelques minutes, et se trouva bientôt à quelques pas de Vincent, d'Aïka et des esclaves. Ce qui se passa dans l'âme du renégat ne saurait se décrire. Sa colère devint une ivresse. Il aurait voulu anéantir d'un effet de sa volonté le prêtre chrétien et ses nouveaux disciples. En même temps que la rage l'aveuglait, un regret immense noyait son cœur. Il avait renoncé aux joies de la prière, aux divines humiliations de la foi, aux lumières bénies de l'espérance, aux élans de la charité. Il avait reçu trente pièces d'argent pour prix de son âme, et cette âme, il la voyait perdue, sans rachat possible, sans qu'aucune expiation pût lui rendre la splendeur de l'innocence. Lorsque dans son esclave il reconnut un prêtre, qu'il vit Aïka prosternée, il éprouva le besoin de répandre le sang ; les paroles de Vincent l'arrêtèrent ; il céda à une autorité contre laquelle il tenta de se débattre ; et quand il s'enfuit il crut voir descendre de toute la rapidité de leurs ailes les anges vengeurs qui chassèrent Héliodore du temple. Toute la nuit dura sa course vertigineuse à travers les champs sablonneux ; plus d'une fois, le gosier desséché et le corps glacé, il colla sa bouche contre terre pour y trouver un peu de fraîcheur ; il se relevait bientôt ; cette couche lui semblait être de braise ardente ; et il recommençait à fuir jusqu'à ce que la force lui manquât pour aller plus loin. Le hasard le ramena non loin de son habitation. La matinée s'avançait, et Aïka, le cœur rempli d'inquiétude, parcourait la maison, le jardin, et s'aventura jusque dans les champs afin de chercher son époux. Elle le trouva allongé sur le sable, inerte, abattu, demi-mort.

Elle lui parla doucement ; il ne parut pas l'entendre.

Peu à peu cependant le son de cette voix aimée le réveilla et lui procura d'abord du soulagement ; mais bientôt la présence d'Aïka devint une nouvelle souffrance pour le malheureux. Lui qui avait tant persécuté, tant haï, ressentait un immense besoin d'être aimé d'elle, et tremblait à l'idée que la découverte de son secret et le souvenir de ses épouvantables dernières violences de la nuit l'eussent sans retour éloignée de lui.

Le regard du renégat se fixa avec anxiété sur le visage pâle de la musulmane.

Celle-ci ne voulut point le laisser en proie à une angoisse semblable, et, prenant ses deux mains avec tendresse :

— Ahmed ! dit-elle, Ahmed, que vous ai-je fait, pour que vous me témoigniez si peu de confiance ?

— Ah ! répondit-il avec désespoir, Aïka, vous avez le droit de me maudire, je suis une bête brute et un bourreau... Le secret de ma vie vous est connu... vous pouviez me haïr pour mes défauts, mais jusqu'à cette heure vous n'aviez point le droit de me mépriser... Vincent a raison : j'ai vendu ma foi et renié mon Dieu ! quittez-moi, Aïka, je ne me plaindrai pas... j'ai mérité ce châtiment horrible... le plus épouvantable qui me puisse atteindre... Aïka ! Aïka ! le misérable renégat qui se roule à vos pieds dans la poussière, vous a aimée ! aimée, bien aimée, Aïka ! autant aimée que pouvaient le lui permettre de perpétuels et déchirants remords...

— Et je vous quitterais à cette heure, Ahmed, quand vous souffrez, quand vous avez besoin d'être consolé! Oh! je ne comprends pas encore parfaitement la doctrine de Vincent, mais je sais que l'amour est une vertu et un bonheur, que le repentir est suivi du pardon, que la prière soutient, que les larmes purifient... Et je vous aime, Ahmed, et je demanderai pour vous grâce au Dieu de Vincent, et je le supplierai avec larmes de vous entendre et de vous consoler.

— Ah! tu es vraiment digne d'être chrétienne! s'écria le renégat en la contemplant agenouillée près de lui, si belle, si noblement inspirée, qu'elle semblait transfigurée.

— Maintenant que je connais le remède à tes peines, je ne veux plus que tu souffres... En même temps que tu abjureras ta faiblesse, je m'instruirai dans la religion qu'enseigne notre esclave. Nous recevrons le baptême et la pénitence ensemble, et tu le verras, Ahmed, tu pourras être heureux.

Comme elle achevait ces mots, elle aperçut Vincent qui s'avançait vers eux. Ahmed se lève, court vers son esclave, le serre avec tendresse dans ses bras, puis tombe humblement à ses genoux. Le prêtre le relève; heureux d'avoir vaincu au nom du Christ, il ne trouve dans son cœur que des paroles d'indulgence.

Ahmed veut rendre le jour même la liberté à Vincent. Celui-ci refuse, et demande le temps d'achever son œuvre. La colonie du *Témat* devient pour lui une *mission* fructueuse dès cette heure. Il ne quittera la montagne qu'après avoir attiré toutes les âmes à Dieu. D'ailleurs, avant d'abandonner Ahmed, il souhaite guider cet homme dans une autre voie. Les grandes fautes ont besoin d'expiations publiques. Ahmed éprouvait le désir de prouver son repentir par des actes généreux. Il fallait décider de sa vie. Vincent l'interrogea, sonda le cœur d'Aïka, puis, après y avoir pensé devant Dieu, il leur dit :

— Mes amis, vous chercher la paix, vous demandez la paix... celle que le monde ne donne pas et qui est le fruit de l'innocence et de la solitude... Vous vous êtes choisis pour époux, vous vous êtes aimés dans la force restreinte des passions humaines... Je veux que vous vous aimiez encore, que vous vous aimiez toujours... Mais j'agrandirai, je transformerai si bien votre affection qu'elle se perdra en Dieu même... Le repentir purifie Bernard, la foi donne sa lumière à Aïka... L'un doit au monde le spectacle d'une expiation en rapport avec la grandeur de sa faute ; l'autre donnera l'exemple d'une vie pure et cachée. L'amour des richesses porta Bernard à renier son Dieu, Bernard se fera pauvre, et serviteur des pauvres... Aïka, qui comprend combien le Christ éleva la femme, deviendra la compagne des vierges chrétiennes qui peuplent les couvents des saints lieux... Je la laisserai dans son pays, lui confiant une part d'apostolat ; j'amènerai Bernard jusqu'à Rome ; la main du souverain pontife s'étendra sur sa tête coupable, et il s'enfermera au couvent des *Frate Ben-frotelli*...

Quelques jours après, Ahmed rendait la liberté à ses esclaves. Les Nubiennes demandèrent à rester auprès d'Aïka, et il fut convenu que celle-ci quitterait le *Témat* avec ses suivantes, afin de se rendre dans un monastère de Bethléem.

L'abjuration d'Ahmed se fit secrètement ; puis, sans prévenir personne de son départ il acheta une barque de pêche, vraie coquille de noix que le moindre coup de vent devait faire sombrer, deux paires de rames, quelques vivres, et une voile de rechange. Une nuit, Ahmed et Vincent quittèrent le port de Tunis et s'aventurèrent, privés de boussole et d'instruments de marine, sur la Méditerranée. Le vent les poussa rapidement ; quand la voile tombait le long du mât, ils maniaient les rames. Leur confiance ne fut pas vaine.

Après plusieurs jours d'une navigation qui devenait un perpétuel miracle, ils abordèrent à Aigues-Mortes.

En rentrant en France après sept années d'esclavage, Vincent éprouva une émotion profonde; des larmes mouillèrent ses yeux; un cri de reconnaissance s'éleva de son cœur! Il pressa les mains de Bernard dont le remords courbait le front, et tous deux s'acheminèrent vers la prochaine église.

D'Aigues-Mortes ils firent un détour assez long, et arrivèrent jusqu'à Cette, où Vincent avait promis de passer une journée. Ils revenaient à Marseille, afin de s'embarquer pour Rome, quand ils firent la rencontre de Julitte Ciotat et du petit Paulin.

V

ROBIN GRIVOT

Les galères formaient une sorte d'enceinte autour de la baie de Marseille.

On les voyait immobiles, sinistres, dressant leurs mâts, étageant leurs rangs de rames. Ce qui en rendait l'aspect lugubre, ce n'était point cependant la pensée que ceux qui les montaient pouvaient au premier jour risquer leur vie dans un combat; ces galères étaient autant de prisons flottantes; et les condamnés enduraient un lent et cruel supplice. On a voulu prêter à ce châtiment une origine romaine. Rien n'est moins sûr que cette assertion. Les Romains tenaient en si grand respect tout ce qui se rattachait à l'armée de terre et à l'armée navale, qu'ils ne demandaient point à des scélérats des services qu'ils tenaient pour honorables. On recrutait les matelots et les rameurs parmi les *classiarii milites* et les *socii navales*. Il fallait des héros pour lutter contre la fortune de Carthage ; et, depuis le dernier matelot jusqu'au chef souverain, chaque homme combattant pour Rome devait être à la fois brave et estimable. Peut-être les Athéniens se montrèrent-ils moins scrupuleux. L'opinion la plus certaine cependant est que le Bas-Empire employa le premier les condamnés comme rameurs de galères. On les nomma γαλέαροι, en basse latinité *galearii*. Des esclaves remplirent d'abord cet office ; les criminels leur furent substitués plus tard.

Lors des croisades, les Français rapportèrent ce mot nouveau et en firent l'application. Le condamné aux *galies* et aux *galères*, l'homme enchaîné et tirant la rame devint le galérien.

On trouve dans un vieux poëme :

> N'en istront mès par terre ne par mer :
> Bien les ferai à galies garder.

La première ordonnance royale relative aux galères est de Charles IX ; elle défend aux parlements de condamner les coupables à une peine moindre de dix ans de galères : « *Trois années étant nécessaires pour enseigner aux forçats le métier de la vague et de la mer, il serait très-fâcheux de les renvoyer chez eux au moment où ils deviennent utiles à l'État.* » On alla même plus loin, et une ordonnance défendit au général des galères de congédier les hommes qui seraient condamnés, à moins qu'ils ne devinssent impropres au service de la mer. Les malheureux étaient soumis à un régime d'une sévérité inouïe ; la plus légère faute était passible d'un cruel châtiment. Si un *compegnon* ou *gardien* les accusait d'une infraction au règlement, il ne leur était point permis de nier l'avoir faite ; on les admettait simplement à s'en excuser. Quand elle était grave, la pénalité touchait à la torture. Une première tentative d'évasion était punie de l'ablation d'une oreille ; la seconde était suivie d'une condamnation à vie, et le malheureux avait le nez coupé. Le galérien qui tuait un compagnon de chaîne était pendu. Un blasphémateur avait la langue percée d'un fer rouge. Celui qui levait ses fers pour frapper un surveillant était rompu vif. Les forçats étaient jour et nuit enfermés dans une partie des galères appelée la *vague*; cette salle, qui contenait vingt-six bancs, n'avait guère que 35 mètres carrés, et chacun des condamnés y était scellé à sa place respective. La chiourme de chaque bâtiment se composait de cent huit forçats, plus quatre-vingts mariniers de rames. Cette chiourme était surveillée par un argousin, un sous-argousin et dix compagnons. Si l'on parlait un peu haut dans la *vague*, les compagnons rappelaient les condamnés au silence par une aveugle distribution de coups de bâton. La cruauté était arbitraire, sans contrôle ; le forçat dépendait du compagnon, car l'argousin daignait à peine entendre les excuses des malheureux. En cas de bataille, pendant l'action, les forçats, rivés à leurs bancs, étaient cruellement décimés par les boulets.

Le seul allégement que pussent espérer les forçats était de prendre part à des travaux d'utilité publique. Ils jouissaient alors d'un peu d'air, ils revoyaient le ciel ; pour un instant ils oubliaient les tortures subies au fond des navires. Chaque fois que la peste décimait la ville, on les obligeait à enlever les cadavres ; quand il devenait nécessaire de nettoyer le port, on les chargeait encore de ce labeur infect et dangereux. Privés d'espace, liés à des bancs qui devaient en même temps leur servir de couche, conduits, gouvernés par des hommes qui n'étaient que des bourreaux, les malheureux forçats n'avaient pas même la consolation de recevoir la visite des êtres qui leur étaient chers. Aucune condition n'était plus misérable que celle des galériens à cette époque, et nous verrons plus tard quelle était, au milieu d'eux, celle de Rémy Ciotat.

La mère du condamné, après avoir pendant plusieurs années subi toutes les douleurs de l'isolement dans une ville où nulle humiliation ne lui était épargnée, prit la résolution de partir pour Marseille. Paulin devait y trouver plus de ressources pour choisir et pour apprendre un métier, et la pauvre femme aurait de temps en temps la consolation de voir son fils. La santé de Julitte s'était gravement altérée depuis l'horrible malheur qui l'avait frappée. Le travail obstiné auquel elle s'était livrée pour subvenir à son existence et à celle de Paulin détruisit ses forces et affaiblit sa vue. Des pressentiments sinistres l'assiégeaient. Elle craignait de mourir avant d'avoir revu le plus malheureux de ses fils. Quand elle fit comprendre à Paulin la résolution qu'elle venait de prendre, le petit muet donna des marques d'une grande joie. Il sauta au cou de sa mère, il battit des mains; il eût voulu empaqueter à l'instant même leurs modestes effets et quitter tout de suite la ville de Cette. Les préparatifs de la veuve ne furent pas longs. Elle vendit ses meubles, remplit une malle du peu de linge qui lui restait, et monta avec Paulin dans la charrette d'un voiturier. Juliette ne connaissait point Marseille. Elle descendit dans l'auberge où son conducteur s'arrêta, et prit pour Paulin et pour elle une petite chambre mansardée située au plus haut étage de la maison.

Elle avait une si douce et si honnête physionomie que le cabaretier, Robin Grivot, ne lui demanda point si elle possédait des papiers.

La route l'avait brisée. Les cahots de la charrette, l'ardeur d'un soleil de juillet, l'émotion que lui causait l'idée de se trouver dans la même ville que Rémy, tout concourut à augmenter l'état de souffrance de Juliette, et, dans la nuit qui suivit son arrivée, elle fut saisie d'une fièvre ardente. Elle garda le courage de ne pas se plaindre dans la crainte de réveiller Paulin. Le lendemain, l'enfant, impatient de voir la ville et d'embrasser Rémy, se leva aussitôt que le jour fut venu, s'approcha du lit de sa mère, pour la réveiller par un baiser. Il la trouva brûlée par la fièvre, le visage empourpré et couvert de sueur. Sa gorge était sèche, altérée, mais la pauvre femme se trouvait réduite à un tel état de faiblesse qu'elle eut de la peine à indiquer par un signe qu'elle voulait boire. Paulin comprit la gravité du mal, et, effrayé de son insuffisance à secourir la malade, il descendit à la cuisine.

La grosse servante Marioulette s'y trouvait seule, et lavait à grand renfort de seaux d'eau les tuiles rouges de la salle. Elle demanda assez brusquement à Paulin ce qu'il voulait ; mais quand elle s'aperçut que le pauvre enfant, dans l'impossibilité de lui répondre, la tirait par son tablier pour l'engager à le suivre, elle fut saisie de pitié ; alors, relevant ses jupes, elle traversa la cuisine prit la main de Paulin et monta avec lui l'escalier.

Quand Marioulette vit Julitte, elle comprit aussitôt qu'il fallait le secours d'un médecin, et dit avec une rapidité de paroles toute méridionale et pleine de bonté :

— Le maître de la maison est absent pour le quart d'heure ; je suis toute seule, et faut que la besogne se fasse. Pas moins, je ne vous laisserai pas souffrir comme cela. Le petit achèvera de laver ma cuisine ; moi, pendant ce temps-là, j'irai chercher le docteur. Maître Robin Grivot n'aura rien à dire, et je serai rassurée sur votre compte.

Marioulette confia les seaux et le balai à Paulin, et courut chez un jeune médecin du quartier qui soignait les pauvres avec dévouement. Le docteur fut bientôt au chevet de Julitte ; il prescrivit un repos absolu, formula une ordonnance que Marioulette se chargea de faire exécuter, et partit en promettant de revenir le lendemain.

Maître Robin rentra dans la salle avant que Paulin, empressé de remplacer l'active Marioulette, eût fini de tout remettre en ordre. La servante n'était pas encore revenue de chez l'apothicaire. Robin Grivot aimait le vin, ne détestait pas le bruit, et tenait auberge par vocation, mais il était véritablement un brave homme. Il obligeait avec plaisir, n'exigeait pas trop vite le paiement des bouteilles vidées, et parfois même biffait le compte d'un habitué quand celui-ci trouvait le moyen de l'apitoyer par quelque exposé lamentable de sa situation, ou de le faire rire par une bonne et grivoise chanson. Il fut d'abord surpris, puis ému de voir le petit voyageur de la veille si laborieusement cupé des soins du ménage, et, s'approchant de Paulin :

— Est-ce que tu fais ton apprentissage de garçon d'auberge, petit ? Tu ne t'en acquittes pas mal, et si j'avais besoin d'un aide... mais, à propos, où est donc Marioulette ?

Paulin fit signe qu'elle était sortie.

— Ah ! à cette heure-ci !

L'enfant joignit les mains pour demander grâce, et fit comprendre que la servante lui rendait un grand service ; puis, désignant l'escalier qui conduisait à la chambre de sa mère, il peignit par une mimique pleine d'énergie et de douleur, la souffrance de la malade.

Robin Grivot se grattait l'oreille d'un air inquiet.

Une voyageuse arrivée de la veille au soir, malade et pauvre, ne pouvait pas procurer d'énormes profits. Il fallait savoir quel était son mal, et prendre des mesures pour la transporter à l'hospice si son état donnait de graves inquiétudes.

En ce moment Marioulette rentrait des fioles à la main.

— Allons, dit l'aubergiste avec brusquerie, reprends ton ouvrage, je monterai ça chez la voyageuse.

Paulin regarda l'aubergiste avec une telle expression de reconnaissance que l'hôtelier ajouta en se tournant vers la servante :

— Je ne te gronde pas, Marioulette, d'autant mieux que le petit t'a bien remplacée.

Paulin s'élança dans l'escalier et Robin le suivit.

Julitte s'inquiétait de l'absence de son enfant.

Quand elle le vit, elle se souleva malgré sa faiblesse, tendit les bras, et Paulin s'y précipita avec un tel élan que l'aubergiste tremblait d'émotion en saluant la pauvre malade.

— Bah ! dit-il, la carriole du conducteur ne vaut pas le diable, le mistral est mauvais depuis quinze jours... vous avez une fièvre de fatigue... Le docteur est un homme habile ; voici des remèdes, et vous possédez un garde-malade qui vous soignera avec grande affection.

— Je vous remercie de vos bonnes paroles, monsieur l'aubergiste; je ne suis pas riche, mais je suis une honnête femme et ne vous ferai point de tort.

— Allons! allons! qui est-ce qui a peur de ça?... Vous avez une terrible fièvre, tout de même... Buvez la potion du docteur... L'air de Marseille est sain, à part le mistral; dans trois jours vous serez sur pied.

— Dieu vous entende! murmura la veuve.

Paulin, marchant à petits pas, déboucha les fioles, revint vers le lit, rangea l'oreiller de Julitte, et essuya son front couvert de sueur.

— Vous êtes heureuse, dit Robin, vous avez un bon fils!

— Non! je suis une mère malheureuse... répondit la malade.

— A cause de l'infirmité de l'enfant... mais il est si gentil, il annonce tant d'intelligence! et il se fait si bien entendre sans parler!

Julitte hocha la tête.

— J'ai un autre enfant... dit-elle avec effort.

— Vous en êtes séparée?

— Je m'en rapproche... il est à Marseille...

— Ah! fit Robin Grivot; on peut le prévenir, si vous voulez.

— Le prévenir! Ah! monsieur l'aubergiste, vous ne savez pas à quel point je suis à plaindre... Rémy, mon aîné, est aux galères.

— Aux galères! répéta Robin en reculant de deux pas.

— Si j'ai le courage de vous faire cet aveu et de vous montrer la détresse de mon cœur, c'est que j'ai le droit d'ajouter, en relevant le front : mon pauvre fils est innocent! ce n'est pas une expiation qu'il subit, mais un martyre.

— La justice se trompe quelquefois, c'est vrai! dit Robin en revenant vers le lit de la malade, et vous avez dû trop bien élever votre enfant pour qu'il soit devenu un malhonnête homme! Pauvre femme, vous me témoignez une confiance dont je n'abuserai pas... Gardez votre secret ici... Vous savez, on est plutôt porté à croire le mal que le bien... condamné aux galères... il est jeune, n'est-ce pas?

— Il avait dix-neuf ans quand on l'arracha à notre maison pour l'emprisonner ; il en a vingt-sept aujourd'hui...

— Et vous êtes venue à Marseille pour le voir...

— J'avais peur de mourir avant de l'embrasser.

— Pauvre femme! pauvre femme! dit à mi-voix l'aubergiste.

— Je ne demande point au médecin qu'il m'enlève tout de suite ma souffrance, si cela ne se peut pas; ce que je souhaiterais, ce serait de trouver assez d'énergie pour me lever et pour me rendre au bagne...

— Écoutez, répondit l'aubergiste attendri, voilà l'ordre du docteur à Marioulette : Défense de vous lever... Les médecins ont raison dans leurs vouloirs... soignez-vous pendant quelques jours, prenez patience... Si vous désirez si fort apprendre des nouvelles de votre fils, eh bien! je sortirai avec le petit Paulin ; nous nous dirigerons du côté du port, et peut-être obtiendrons-nous quelque renseignement... En ce moment les galériens s'occupent de l'assainissement de la ville ; on les fait travailler par escouades, et il se pourrait que Rémy fût du nombre de ceux que l'on emploie aux travaux.

— Ah! vous êtes vraiment bon! dit la veuve en regardant Robin Grivot avec l'expression d'une vive reconnaissance.

— Bah! répondit celui-ci, il y a meilleur et il y a pire... Si j'avais eu une femme et des enfants, j'aurais aimé tout mon petit monde; mais je vieillis seul, et c'est un tort; la bouteille n'est pas une bonne conseillère.

Paulin embrassa Julitte et suivit Robin Grivot.

En traversant la salle où les buveurs commençaient à s'attabler, l'aubergiste dit à la servante :

— Monte de temps en temps chez la voyageuse, et mets une poule au pot pour lui faire du bouillon.

Puis Robin, prenant la main du petit muet, s'achemina du côté du bagne.

L'aubergiste avait dit vrai, on travaillait à assainir le port de Marseille, et chaque matin une escouade de forçats, accompagnée de cinq *compagnons* et d'un *sous-argousin*, conduisait les malheureux des galères au port.

Robin Grivot ne tarda pas à voir s'avancer une troupe de forçats suivis d'hommes armés; ils allaient commencer leur journée.

Un pressentiment avertit Paulin; il regarda l'aubergiste, et celui-ci dit d'une voix triste :

— Hélas ! oui, ton frère est comme cela !

Paulin voulait suivre les galériens, les examiner tous l'un après l'autre, bien en face, et chercher si parmi eux, et sous l'ignoble livrée du châtiment, il ne reconnaîtrait point son frère, son cher Rémy.

— Attends un peu, lui dit Robin, cher petit, si nous

approchons maintenant des forçats, les *compagnons* se défieront et nous chasseront. Quand le travail sera commencé, nous nous avancerons comme des curieux, et alors on nous remarquera moins.

Paulin se résigna avec peine, et marcha auprès de Grivot, en suivant des yeux les forçats qui s'éloignaient.

Les malheureux arrivèrent à une sorte de chantier encombré de machines et de madriers. Pour quelques-uns, ce labeur en plein air était une amélioration ; pour d'autres, au contraire, il devenait une aggravation de peine. Les hommes robustes préféraient soulever les fardeaux, empiler du bois, s'atteler à des charrois, mettre en mouvement des machines, que de rester immobiles sur les bancs des galères. Mais, parmi eux, il en était de faibles, incapables de ce travail écrasant, et que leur chétive nature exposait à de rudes traitements. De ce nombre était Rémy.

Il n'avait jamais été robuste. Habitué à la vie sédentaire du comptoir, affaibli par la captivité, il préférait sa place étroite dans la *vague* aux travaux du port, car il savait que le plus rude labeur lui serait imposé. Sa constitution le mettait dans l'impossibilité de l'accomplir, et le bâton de l'argousin s'abattait sur ses épaules. Il subissait une persécution véritable.

Ce matin-là, immobile au milieu d'un groupe, il attendait qu'on lui désignât sa tâche ; et, regardant un madrier énorme, placé à quelque distance, il se demandait avec épouvante si on ne le chargerait point de le soulever, et de le placer sur un chariot qui en contenait déjà quelques-uns.

Soit par méchanceté, soit par hasard, l'argousin, désignant le madrier au forçat, lui dit :

— Charge-le à côté des autres!

Les yeux du jeune homme se tournèrent suppliants vers son bourreau ; celui-ci commença à siffler un air de chasse, et Rémy, la sueur au front, marcha vers le madrier. C'était un tronc d'arbre énorme d'un poids effrayant; Rémy parut demander au ciel la force qui lui manquait, puis il se courba, prit le madrier à pleins bras et tenta de le soulever. Il n'en put venir à bout. Trois fois il recommença sa tentative, trois fois il échoua. La sueur montait à son front envahi par une pâleur maladive ; un tremblement nerveux l'agitait.

Pa-Thermute, l'argousin, surveillait méchamment ses efforts inutiles. Il se sentait le besoin d'accabler le malheureux, et déjà ses doigts tourmentaient son bâton. Enfin, s'avançant vers Rémy, il s'écria d'une voix irritée.

— Chien de fainéant, finiras-tu cette besogne !

— Je le voudrais, répondit Rémy, je ne peux pas...

— Ah! tu ne peux pas! Répète ce mot et tu vas voir ce que pèse le bras de Pa-Thermute! Bandit! scélérat! lève-moi ce madrier, ou sinon...

Rémy voulut tenter une dernière épreuve. Il se baissa ; et soudain il sentit qu'on lui venait en aide. Une épaule fraternelle s'appuyait à la sienne, des efforts généreux essayaient de venir en aide à ses efforts impuissants... Il se retourne pour voir celui qui prend ainsi pitié de sa misère, il voit un enfant! Cet enfant c'était Paulin!

Le petit muet, témoin de la scène qui venait de se passer, n'avait pu voir l'injustice de l'argousin et l'expression de souffrance du forçat sans être profondément ému. Il songea soudain à son frère, et l'élan de son cœur lui persuada qu'il pourrait soulager le malheureux. Paulin était si jeune quand Rémy quitta leur ville de Cette, et d'ailleurs l'horrible casaque de galérien changeait tellement le jeune homme qu'il ne le reconnut pas. Mais Dieu récompensa son vœu fraternel, car à peine le galérien eut-il jeté les yeux sur l'enfant, qu'il poussa un cri et laissa retomber le madrier. Puis, prenant le petit muet dans ses bras :

— Paulin, mon cher Paulin! ne me reconnais-tu pas? L'enfant alors fait un effort pour se souvenir, écarte les cheveux de son frère, le regarde dans les yeux, lui rend ses caresses avec effusion, et les forçats témoins de cette scène sentent leurs paupières humides.

Pa-Thermute s'irrite davantage. La pensée que Rémy peut éprouver un allégement à sa douleur le transporte d'une colère sauvage.

— Va-t'en ! crie-t-il à Paulin, va-t'en !

Mais Paulin, le voyant venir armé d'un bâton qu'il brandit d'une façon menaçante, loin de s'éloigner, fait des efforts pour se grandir et couvrir Rémy de son corps.

L'argousin écume de rage; il lève son bâton; les deux mains de Rémy protégent la tête de Paulin; l'enfant ferme machinalement les yeux...

Cependant l'arme s'abattit sans que Pa-Thermute eût frappé.

Au moment où il allait accomplir cet acte de cruauté froide et féroce, un homme avait retenu son bras.

Pa-Thermute allait sans doute tourner sa colère contre ce nouveau venu ; le regard de celui-ci, à la fois doux et digne, lui imposa malgré lui.

L'étranger tira un parchemin de sa poche et le tendit silencieusement à l'argousin.

Pa-Thermute déplie la lettre, voit le sceau dont elle est marquée, salue avec un respect craintif, lit un ordre bref et précis, et dit à l'inconnu :

— Que désirez-vous, monsieur ?

Alors le voyageur, que Julitte eût bien reconnu, elle! mais dont Paulin avait oublié les traits, s'avança vers Rémy :

— Vous souhaitez parler à cet enfant? demanda-t-il au forçat en désignant le petit muet.

— Il est mon frère, répondit Rémy, et je ne l'avais pas revu depuis huit années.

— Eh bien, entretenez-vous tranquillement avec lui, mon ami, votre gardien vous le permet.

Pa-Thermute regarda tout effaré le porteur du parchemin scellé ; il lui sembla qu'il le raillait, et cette raillerie pouvait renfermer une menace. Mais le visage de l'étranger était calme et grave, et Pa-Thermute dit à Rémy en reprenant un peu d'assurance :

— Oui, je le permets!

VI

LE MERCIER DE BRIGNOLES

Non loin de Marseille et de Toulon, dans le petit village de Brignoles, on remarquait, entre toutes les maisons, une boutique de mercerie peinte en gris, à volets bruns, dont l'aspect était riant et la mine honnête. Elle était la mieux achalandée de l'endroit, et le marchand, qui débitait aux femmes du pays du fil, des couteaux, des toiles peintes et de la vaisselle commune, jouissait de l'estime générale. Ce mercier modèle, ce marchand, nous le connaissons, c'est Andoche, l'ancien domestique de Jean Rameau. Toute sa vie, il s'était senti tourmenté par le désir de faire du négoce. Sa pauvreté y mettant obstacle, il songea qu'en se résignant à servir pendant plusieurs années, il trouverait le moyen d'amasser un petit pécule. Il achèterait une pacotille que son père qui était matelot échangerait dans le Levant; peu à peu il agrandirait le cercle de ses affaires, de façon à posséder un jour dans le village de Brignoles, où il était né, une petite maison et une modeste boutique. Ses vœux étaient réalisés. Il était même presque à la tête d'un magasin. Sur les rayons s'alignaient de belles pièces de drap et de linon, des toiles et même des soieries. Il s'entendait merveilleusement à la vente, flattait les clientes, parlait facilement, offrait du crédit, séduisait tout le monde, et arrondissait sa fortune avec la satisfaction d'un homme content de ses progrès et sûr de son but. Andoche jouissait à Brignoles d'une excellente renommée. Il ne sortait guère de chez lui, ne s'enivrait jamais, et passait tous ses instants de liberté auprès de son vieux père. C'était un beau vieillard, mais que la paralysie clouait sur son lit, et dont la raison ne jetait plus que des lueurs fugitives. Il avait été marin pendant de longues années; ses infirmités le forcèrent de renoncer à ses voyages, et il revint à Brignoles chercher un dernier asile, comme un pauvre oiseau blessé, à demi mort, cherche son vieux nid caché dans les trous d'un mur en ruines. Il s'installa dans une masure. Un voisin se chargea de faire parvenir une lettre à Andoche. En apprenant dans quelle pénurie et quel affaiblissement de santé se trouvait son père, le domestique de M. Rameau reçut une commotion violente. Il ne s'agissait plus seulement de satisfaire son goût en se livrant au commerce, il fallait pourvoir aux dépenses de ce vieillard, et lui rendre douces les dernières années de sa vie. Andoche roula mille projets divers dans sa tête, compta et recompta le peu qu'il possédait, et se demanda avec angoisse quel moyen lui restait pour réaliser ses espérances, en même temps qu'il remplirait son devoir. Pendant plusieurs jours, son service souffrit de ses préoccupations. La nuit, le fils du vieux matelot dormait peu ; quand venait l'heure de se mettre à la besogne, il rêvait tout éveillé, poursuivant un calcul dont le résultat ne parvenait jamais à le satisfaire. Il fit passer à son père une petite somme d'argent suffisante pour ses besoins urgents, et attendit une idée, un moyen, un hasard. Ce fut le hasard qui le servit.

Revenons au vol commis chez M. Rameau.

Tandis qu'Honoré, livré à toutes les perplexités de l'esprit, à tous les remords de la conscience, rassemblant son courage, prenait la violente résolution d'aller devant le tribunal assemblé avouer qu'il était coupable du vol dont on accusait Rémy, Andoche entra subitement dans sa chambre.

Le domestique le considérait avec une attention persistante, anxieuse ; il devina les combats que se livrait le jeune homme et résolut de frapper un grand coup.

— Vous êtes homme de volonté et d'énergie, monsieur Honoré, dit-il.

— Depuis quand en es-tu persuadé ?

— Depuis le jour où Rémy Ciotat a été soupçonné par votre père.

— Qu'a de commun le vol de Rémy et ce que je puis être ?

— Mais tout, il me semble... Il faut une fière volonté pour se taire et pour garder son secret, quand d'un mot on pourrait empêcher le déshonneur d'un homme.

— Malheureux ! s'écria Honoré, tu oses...

— J'ai bien eu la patience de regarder quand vous forciez la caisse de votre père avec une clef forgée par le serrurier Nicol.

Honoré eut un éblouissement, il passa la main sur son front humide.

— Vous aviez des dettes, poursuivit le domestique, et votre père est sévère pour tout le monde... Il est vrai qu'il l'est aussi pour lui-même... Il vous fallait payer cinq mille francs, et aucune bourse d'ami ne s'était ouverte... Vous avez songé à la caisse paternelle, vous l'avez ouverte... Cette nuit-là, je ne dormais pas non plus... j'avais dans la tête des idées qui me troublaient... et la pensée de pénétrer dans le bureau de mon maître m'était venue et ne me quittait pas... mais je me débattais contre la persistante obsession avec laquelle je voyais l'or entassé dans la caisse, cet or qui pouvait satisfaire à toutes mes passions... Comprenant que je succomberais à la tentation, je me décidai à abandonner pour toujours la maison... Je descendis... marchant pieds nus dans les corridors... Quand je me trouvai en face du bureau, j'aperçus une lumière par la porte entre-bâillée... je vous vis, monsieur Honoré, fouillant dans le tiroir pour y prendre des rouleaux d'or... Soudain mes résolutions changèrent, et je me dis que, pour faire fortune, il me suffisait d'avoir votre secret... A part moi, je vous jurai une discrétion absolue...

— Qui me dit maintenant que tu ne parleras pas? s'écria Honoré Rameau.

— Il est de mon intérêt de me taire.

— Ah! tu veux être payé.

— Nécessairement, répliqua froidement Andoche.

— Et combien demandes-tu?

— Peu de chose en comparaison du bénéfice que

vous procurera mon silence. Certainement vous avez lutté ; vous avez même pris la résolution de tout avouer à M. Rameau... La loi ne condamne point le fils qui prend de l'argent à son père ; vous n'encouriez donc aucune peine... Mais M. Rameau ne vous a jamais témoigné une vive tendresse ; en apprenant votre petite infamie, non-seulement sa colère contre vous eût été terrible, mais, dans sa profonde compassion pour Rémy Ciotat, il se serait persuadé qu'un dédommagement lui était dû ; ce dédommagement eût été un acte de société ; Julitte serait également devenue l'objet de sa sollicitude ; le petit Paulin aurait eu à l'avance sa place marquée dans les bureaux, et tout doucement vous vous seriez trouvé dépossédé ; au lieu de cela, Rémy une fois condamné, vous profitez, pour vous rapprocher de votre père, de l'ébranlement moral qu'il a ressenti ; vous prenez part aux affaires, vous demandez votre moitié de travail... M. Rameau, surpris d'abord, puis enchanté, sent s'éveiller sa tendresse... Vous devenez aussi maître que lui dans la maison, et il vous est facile de distraire de temps en temps une somme légère pour venir en aide à un domestique dévoué.

— Je t'ai déjà dit de fixer un chiffre.

— Monsieur, reprit Andoche, je ne me regarde certainement pas comme un honnête homme. Je deviens votre complice en gardant le silence... et ma lâcheté égale votre infamie... Je ne m'absous pas! Une fois nos conventions réglées, je quitte la maison, et il est possible que vous ne me revoyiez jamais... Cependant j'exige une garantie de votre bon vouloir perpétuel à mon endroit... Un bout de papier suffira... Vous allez écrire que vous reconnaissez avoir commis le vol de cinq mille livres dont Rémy Ciotat est accusé.

— Jamais! s'écria Honoré.

— Comme vous voudrez, dit Andoche; votre père est assez bon pour se montrer reconnaissant envers celui qui l'empêchera de commettre une injustice... Je n'ai donc rien à perdre en avouant la vérité...

Andoche fit un pas pour sortir.

— Je te donnerai de l'argent, dit Honoré, mais je ne veux pas que tu aies de preuve contre moi.

— Cette preuve seule me garantit l'argent.

— Tu t'en serviras donc pour me laisser sous le coup d'une perpétuelle menace?

— Ce n'est point mon intention. Et je vais tout de suite vous rassurer. Avec les deux mille livres que vous me remettrez, je fonderai un petit commerce; si mes affaires marchent bien, je ne reviendrai jamais ici; si la mauvaise chance me poursuit, je veux pouvoir non pas vous demander une aumône, mais exercer un droit...

En ce moment l'horloge sonna trois heures.

Honoré tressaillit; la sentence devait être prononcée...

— Il est trop tard, murmura-t-il.

— Trop tard! répéta Andoche, trop tard! Au contraire... Oui, il est trop tard pour que Rémy soit sauvé, si je garde le silence..; mais que je parle à cette heure, et vous êtes regardé non-seulement comme un homme faible, livré à ses passions et capable de tout pour les satisfaire, mais comme un misérable assez lâche pour voler l'honneur d'une honnête famille, jeter un innocent en prison, priver une veuve de son unique appui, et commettre un de ces crimes horribles que la loi n'ose pas prévoir !

Honoré parut écrasé par cette épouvantable logique.

— Que j'élève la voix, continua Andoche, et tout change de face, Rémy reprend sa dignité et son poste de confiance, et, quelque hardi que vous soyez, je vous défie d'oser continuer à habiter la ville de Cette. Et si vous ne cédez pas, je cours au palais de justice, les juges m'entendent, on acquitte Rémy, et votre père vous maudit pour avoir flétri sa vieillesse...

— Assez, assez! fit Honoré; tu auras les deux mille livres.

— Signez d'abord la déclaration.

Honoré prit ce qu'il fallait pour écrire, et attendit que le domestique dictât la première phrase; puis, épouvanté de ce qu'il allait faire, il repoussa le papier et la plume, se leva et marcha avec agitation dans la salle.

Andoche lui saisit le bras, et le ramenant vers la table :

— Il faut en finir, dit-il; délivrez-vous de moi tout de suite.

Honoré traça rapidement quelques lignes, les signa fiévreusement et les tendit à Andoche. Celui-ci les lut avec lenteur, plia le papier et le plaça dans sa poche, en disant :

— Cela suffit, monsieur Honoré; je vais prévenir votre père que je quitte son service dans huit jours; vous serez alors assez bon pour me compter ces deux mille livres.

Honoré fit un signe qui était un acquiescement, et le domestique sortit.

Comme il traversait le corridor du rez-de-chaussée, il rencontra Jean Rameau qui revenait du tribunal. La physionomie du négociant était bouleversée. Andoche attendit au lendemain pour prévenir son maître de son départ. Jean Rameau était accoutumé à son domestique. Le chagrin qu'il éprouvait à la pensée de ne plus voir Rémy, surtout en raison des motifs qui nécessitaient cette séparation, le faisait attacher plus de prix aux services de ceux qui étaient dans sa maison depuis de longues années. Andoche lui annonça son intention de se retirer du service, et voyant que cette résolution était irrévocable, le négociant lui accorda une généreuse gratification et le laissa partir.

Honoré souffrait horriblement : la condamnation de Rémy imprimait à son cœur un sceau de flétrissure. Sa première faute nécessitait une suite de dissimulations honteuses; il lui fallait jouer un rôle indigne. Afin d'obtenir la confiance de Rameau, et de se faire donner généreusement les deux mille livres exigées par Andoche, il feignit de prendre une part énorme à la désillusion qu'éprouvait son père; sachant qu'il était difficile, sinon impossible, de remplacer le jeune caissier, il s'offrit pour remplir ces fonctions. Jean Rameau accepta ce que lui proposait son fils. Il vit dans le rapprochement amené par les affaires un moyen de reconquérir l'affection d'Honoré; il lui sut gré de chercher à mettre un appareil sur une plaie vive.

L'ébranlement moral ressenti par Rameau se calma

sous l'influence des paroles d'Honoré. Le père consola le négociant. Sans doute Honoré jouait un rôle, mais si mauvais qu'il fût, il se sentit cependant réellement attendri par la soudaine bonté de son père.

Dans son contentement de trouver un aide, un associé, un ami dans son enfant, Jean Rameau devint confiant, généreux et tendre. Son âme s'épancha, ses pleurs jaillirent, et attirant Honoré dans ses bras, il s'écria à travers ses sanglots :

— Louise m'a recommandé de t'aimer, et je t'aime bien !

Honoré, livré à ses remords intérieurs, désolé, poursuivi par l'apparition d'un prisonnier qui lui reprochait sa lâche conduite, s'abandonna peu à peu à l'affection paternelle. L'hypocrisie céda devant les entraînements irrésistibles de la nature. Il existe fort peu d'hommes complétement pervertis. La logique intime de la conscience crie plus haut qu'on ne croit, même dans l'âme des scélérats. Honoré finit même par éprouver des élans vers le bien, élans incomplets sans doute, puisqu'ils n'allèrent pas jusqu'à lui conseiller un aveu, mais qui lui révélèrent une joie inconnue. Dans les effusions de la tendresse paternelle, Jean Rameau se crut obligé à des dédommagements à l'égard du fils qu'il avait négligé. La présence d'Honoré dans ses bureaux marquait une phase nouvelle dans la vie du jeune homme. Le négociant lui dit dans un entretien intime :

— Mon enfant, mon ami, je ne te demande point à quoi se sont passées les quatre années précédentes. Tu as dû faire des folies dont je n'exige pas l'aveu. Si ta situation est devenue difficile, je la liquide de grand cœur. Ne me dis point le chiffre de tes dettes ; tu dois en avoir contracté ; voici trois mille livres pour les solder... Désormais nos vies vont se trouver confondues ; l'argent de la caisse nous appartiendra à titre égal, car je t'associe à ma maison, si tu veux bien me promettre de ne point quitter la position de caissier que tu as choisie.

— Je vous remercie ! mon père, répondit Honoré ; j'accepte.

Il était, à partir de ce moment, rassuré au sujet d'Andoche.

Jean Rameau lui remit les trois mille livres le soir même, et Honoré en compta les deux tiers à son complice.

Cinq jours après, l'ancien domestique de Jean Rameau arrivait à Brignoles, où venait de revenir après de longues courses et d'énormes fatigues son père, le vieux Vent-Debout. Le matelot était encore plus faible qu'Andoche ne l'avait supposé. Il ne pouvait plus mouvoir ses jambes, la mémoire lui faisait défaut, et il avait seulement de rares moments de lucidité. La vue de son fils le troubla, le remua, l'impressionna, mais il ne le reconnut point d'une façon absolue. Le premier soin d'Andoche fut de choisir un logement. Une petite maison était à vendre; Andoche en fit l'acquisition, y joignit quelques arpents de jardin et un bout de pré, chargea des ouvriers de blanchir et de peindre les chambres, et revint à son idée favorite, celle de tenir une boutique et de s'occuper de commerce. Dès que Vent-Debout se trouva commodément installé dans une chambre située au midi et peinte de fresques naïves représentant la mer sillonnée par des navires, et encadrée dans les rochers gigantesques du premier plan, Andoche occupa les ouvriers menuisiers à garnir de rayons la salle du rez-de-chaussée. Il fit venir un comptoir de Marseille, partit pour faire des acquisitions, et deux jours après son arrivée au pays, on voyait au-dessus de la porte de la maison dont il était propriétaire : ANDOCHE, MERCIER. La bonne mine de la boutique, l'espoir d'y payer moins cher, l'extérieur avenant d'Andoche, tout contribua à achalander sa boutique. Quinze jours plus tard, il avait une clientèle. Tandis qu'il servait la pratique, un petit garçon de quinze ans, nommé Toupinet, s'occupait du vieux matelot, surveillait la cuisine, tirait l'eau, sarclait les plates-bandes du jardin. Il n'avait pas une grande intelligence, mais il ne manquait point de bonne volonté. Les affaires du mercier prospérèrent. Une fois cependant, la faillite d'un de ses débiteurs compromit gravement ses intérêts. Il eut peur de se trouver embarrassé et s'adressa à Honoré, qui lui expédia immédiatement une somme de mille livres. Andoche n'abusa pas de sa situation à l'égard du fils de son maître. Un jour, Honoré se souvenant que cet homme le pouvait perdre, et voulant lui prouver qu'il lui souhaitait du bien et n'oubliait pas leurs conventions, lui écrivit pour lui offrir de nouveau ses services. Andoche remercia et refusa. Certes on ne pouvait l'absoudre de la faute qu'il avait commise ; il semblait cependant qu'il éprouvait le désir de la racheter. Les soins attentifs qu'il prodiguait à son père prouvaient que, dans sa conscience et dans son cœur, n'étaient pas éteints tous les sentiments et tous les remords. La présence de Vent-Debout avait profondément ébranlé Andoche.

En face de cette vieillesse honnête, il rougit de ses vices ; se dévouer au pauvre matelot parut au mercier une expiation. Vent-Debout ne pouvait plus se montrer reconnaissant, mais Andoche trouvait sa récompense dans le bonheur même qu'il éprouvait à soigner ce malheureux infirme. Celui-ci avait été, à la vérité, un père tendre et dévoué. Quand il revenait de ses longs voyages, Andoche était sûr que le matelot tenait pour lui en réserve des présents apportés de loin. Toute la science que possédait Vent-Debout, il s'efforçait alors de la faire entrer dans l'esprit de son fils. Andoche ne connut jamais sa mère, et Vent-Debout, qui ne pouvait en entendre parler sans ressentir une vive émotion, éloignait toujours ce sujet d'entretien, quand l'enfant lui adressait une question précise. Vent-Debout remettait le soin d'Andoche à de braves gens de Brignoles quand il partait pour un long voyage. Il fut plusieurs années sans rentrer en France, et pendant cet espace de temps, Andoche, perdant l'espoir de réaliser ses projets commerciaux, entra comme domestique chez Jean Rameau. A son retour, Vent-Debout raconta une longue odyssée, mais lentement, par épisodes, sans suite. Il avait couru un grand danger, voilà ce que l'on savait de positif. Pour faire une rapide fortune, il avait servi dans les Indes, et sa santé ne lui permettait plus de naviguer. De temps en temps des matelots débarqués à Marseille s'informaient de Vent-Debout; mais depuis qu'il ne voyageait plus on oubliait le bonhomme.

Ses anciens compagnons ne recevant que des réponses évasives et croyant avoir satisfait à tous les devoirs de l'amitié, exprimaient un simple regret de ne pas revoir leur camarade, et reprenaient la mer sans y songer davantage. Il y avait huit années qu'Andoche s'était fixé auprès de son père, quand un marin revenant des Indes à bord de *la Cérès*, et se souvenant que Vent-Debout, son ancien matelot, lui avait annoncé son intention de se fixer dans le village où il était né, partit un matin pour Brignoles et s'informa de son vieux camarade.

La maison du mercier le frappa par sa belle apparence, il y entra pour demander un renseignement.

Toupinet se trouvait seul à la boutique; Andoche était au premier étage.

— C'est bien le père Vent-Debout que vous demandez, répéta l'enfant en s'adressant à Morissot ; eh bien ! si c'est lui et que vous l'ayez connu ayant bon pied et bon œil, vous croirez vous tromper en le revoyant. Il ne bouge guère dans son lit, rit plus qu'il ne parle, et ne sait jamais ce qu'il dit!

— Tonnerre ! s'écria le marin, Vent-Debout pareil à une chaloupe faisant eau et manquant de goudron ! C'est égal, je veux le revoir ; on ne sait pas, la vue d'un vieux camarade lui fera peut-être du bien.

— Je vais prévenir M. Andoche, répondit Toupinet.

L'enfant monta lestement l'escalier, et à peine eut-il expliqué au mercier qu'un ami de son père demandait à le voir, qu'Andoche descendit rapidement et allant au-devant du visiteur lui serra les mains avec effusion.

— Ah! vous n'avez pas oublié Vent-Debout! s'écria-t-il, s'il pouvait vous reconnaître, mon Dieu! mais les trois quarts du temps il reste immobile dans son lit, commandant des manœuvres imaginaires ou prononçant le nom de gens que je ne connais pas.

— A-t-il dit le mien, quelquefois? Morissot, Claude Morissot?

— Oui, en effet, il me semble...

— Ça doit être; nous avons été unis comme deux frères, et ces amitiés entre le ciel et l'eau sont sacrées. Montrez-moi le chemin, que j'embrasse le vieux Vent-Debout.

Quand Andoche et le matelot entrèrent dans la chambre du vieillard, celui-ci s'occupait avec une attention soutenue à faire un de ces nœuds inextricables en usage dans la marine.

En voyant son fils il sourit vaguement. Il ne le reconnaissait pas, mais il se sentait sous une bonne influence quand Andoche était là. Morissot, profondément ému semblait douter encore de cette réalité poignante. Quoi, Vent-Debout, ce marin hardi, ce joyeux compagnon était devenu un impotent, un malade, un idiot. Le bonhomme fit un signe amical au visiteur et lui tendit un bout de corde, comme pour le défier de la nouer avec autant d'art que lui. Morissot regarda son ancien compagnon dans les yeux.

— Oui, oui, dit-il, nous en avons noué des câbles, pris des ris dans les huniers, et cargué des voiles. Nous grimpions dans les haubans comme des singes, nous racontions des histoires qui n'avaient pas plus de fin que de raison... Nous nous aimions à donner notre vie l'un pour l'autre, et c'était un beau temps, celui-là !

— Bon temps ! bon temps ! répéta l'idiot en retournant dans ses mains la corde nouée par Morissot avec une habileté annonçant la pratique du métier.

— Ça me fend le cœur, de voir Vent-Debout ainsi, vrai ! dit le marin en s'asseyant proche du chevet ; voyez-vous, monsieur Andoche, nous avons été deux à aimer votre père, celui qui lui a sauvé la vie, et moi...

— Ah ! vous avez connu celui-là aussi ?

— Je le crois bien ! un franc cœur, un nageur de premier ordre, un brave s'il en fut... Mais vous devez avoir entendu raconter souvent cette histoire?...

— Jamais complétement. Je sais que lors d'un sinistre mon père fut sauvé par un camarade, mais j'ignore le nom de ce courageux matelot et les détails de cet acte d'héroïsme; les circonstances m'ont tenu longtemps éloigné de mon père, et quand nous nous sommes réunis, je pouvais l'aimer, mais il ne pouvait plus rien comprendre...

— J'étais là, reprit Morissot, et j'ai tout vu. Il y a de cela près de vingt-neuf ans, nous montions un gentil navire, la *Molle-Pomène*, et nous approchions des côtes de l'Inde, quand une tempête, comme il en souffle dans ces pays-là, fond sur nous en face même du port. Les mâts craquent, les voiles s'envolent comme des chiffons de toile, une voie d'eau se déclare; le navire est perdu... Il s'agit non pas même de s'occuper de la cargaison, mais de sauver nos vies. La chaloupe est mise à la mer. Les hommes s'y précipitent; mais bientôt on s'aperçoit qu'elle est trop pesamment chargée, elle coulera à fond avant quelques minutes. Il faut qu'elle soit allégée; elle ne peut l'être que par le départ de plusieurs hommes.... Je dis départ; il ne reste aucun moyen de se sauver; il faut se dévouer et se jeter à la mer. Le capitaine nous demande si nous acceptons de tirer au sort pour savoir qui devra quitter la barque. Nous nous résignons à cette extrémité. En une minute, cinq victimes sont désignées. Votre père était du nombre. Quand il comprit qu'il devait renoncer à toute chance de salut, il laissa éclater un violent désespoir et s'écria : — Mon enfant ! mon pauvre enfant ! — Alors un marin qui avait été préservé se lève, s'avance vers Vent-Debout et lui dit : — Je n'ai point de mère, point de femme, point d'enfant, je vais mourir à ta place ! Et avant que votre père eût pu s'y opposer, le brave matelot s'était précipité à la mer en même temps que les quatre autres malheureux. Tous essayèrent de saisir un débris de mât, une planche du navire... Nous les voyions de la chaloupe lutter, s'épuiser en vains efforts; enfin nous les perdîmes de vue... et alors nous priâmes pour eux du plus profond du cœur... Trois jours après, sur le port d'une ville des Indes, Vent-Debout reconnut son sauveur... Le brave garçon, nageur intrépide, avait gagné la côte après des fatigues dont il faillit mourir.

— Qu'est-il devenu, Morissot, qu'est-il devenu? demanda Andoche tremblant d'émotion à ce souvenir.

— Il a navigué, d'ici, de là; nous l'avons perdu de vue, Vent-Debout et moi; le hasard nous rapprocha une fois encore à Calcutta, nous renouvelâmes serment d'aide et de franche amitié; au bout de trois semaines l'un faisait voile pour Batavia, c'était votre père : moi je revenais en France; l'autre se rendait à la Guadeloupe.

— Tenez, Morissot, dit Andoche, je sacrifierais la moitié de ce que je possède pour serrer la main de cet homme-là, et pour lui rendre service...

— Lui serrer la main, mon garçon, n'est plus possible à personne... Quant à ce qui est de lui rendre service, nous autres matelots nous avons des idées, et m'est avis qu'un *ex-voto* à Notre-Dame de la Garde et quelques messes dites à son intention lui feraient une consolation et un repos pour son âme...

— Il est donc mort? s'écria Andoche.

— Oui, d'après le récit de quelques camarades, et mort d'une façon terrible... Le bâtiment à bord duquel il se trouvait brûla en pleine mer et quatre matelots et un enfant parvinrent seuls à se sauver comme par miracle...

L'idiot répéta comme en rêve :

— Mort! c'est moi qui suis trépassé... la barque est lourde... il faut jeter du lest... Le lest, ce sont des hommes... J'aime pourtant bien mon petit Andoche... et il est dûr de mourir...

— Ah! s'écria le mercier, le souvenir de cette scène

terrible poursuit le pauvre vieux ; plus d'une fois, quand la mémoire lui revient un peu, j'ai demandé des détails et tâché d'apprendre le nom de celui qui le sauva, mais alors il répète d'une voix triste : — Cartahu ! Cartahu ! — C'est un terme de marine, ça, et jamais Cartahu ne fut le nom d'un chrétien.

— Sur ma foi, répondit le matelot, il est en effet probable que ce digne garçon en avait reçu un autre de son père et de sa mère, mais nous ne connaissions que celui-là. Cartahu était notre matelot, celui qui se jeta à la mer pour Vent-Debout, celui qui périt dans le sinistre de *la Désirée*.

— Et ne connaissez-vous ni sa famille ni son pays ?

— Il était Provençal et parlait la langue d'oc. Il me semble avoir entendu dire plus tard qu'il se maria ; mais je ne sais rien de précis là-dessus, et mieux vaut ne rien affirmer que de donner de fausses indications.

— Mon Dieu ! mon Dieu ! dit Andoche, je n'ai aimé en ce monde que mon père, toute ma reconnaissance appartient à l'homme qui l'a sauvé, et je ne parviendrais pas à retrouver ce bienfaiteur, ou à payer aux siens la dette que j'ai contractée...

L'idiot montra à Morissot la corde dont il venait de relier les nœuds.

— Je la tendrai à Cartahu, dit-il, il ne faut pas que Cartahu meure, il m'a gardé pour mon petit Andoche... Cartahu vivra, et son petit enfant... ne lui est-il pas arrivé malheur à l'enfant de Cartahu? Si c'est vrai, donne-moi un câble, long, bien long ; sois tranquille, je ferai des nœuds... je sauverai l'enfant de mon matelot qui est au fond, tout au fond de l'abîme...

— Mon père, mon père, s'écria Andoche en entourant le vieillard de ses bras, Cartahu, cet homme qui vous a sauvé avait donc un fils?

— Un fils... comme moi, mon Andoche... Il me l'a dit un jour, aux Indes... Depuis! depuis... je ne sais plus... son petit enfant! Et une nuit, il y a longtemps déjà... j'ai revu Cartahu... il est entré dans cette chambre... sans bruit, comme une ombre... et il m'a dit : — Vent-Debout! fais un câble, un grand câble à nœuds, mon enfant est perdu... il faut le sauver...; et je noue des cordes depuis cette nuit là... et jamais la corde n'est assez longue...

Deux larmes coulèrent sur les joues de l'idiot.

— Morissot, dit Andoche, ne pouvez-vous me guider dans mes recherches? ce que vous avez entendu dire, ce que m'apprend mon pauvre père ; tout me prouve que Cartahu se maria quelques années après le dévouement de ce matelot... et quelques-uns de vos amis doivent le connaître? Informez-vous, questionnez; la Providence vous a envoyé dans notre maison pour m'aider à découvrir ce mystère.

— Si vous y tenez tant que cela, monsieur Andoche, répondit le matelot en serrant à la briser la main du mercier, c'est d'un honnête homme et d'un bon fils! Que j'avale ma gaffe sans confession, si je ne vous aide pas de toutes mes forces. Un petit trois-mâts de ma counaissance est arrivé à Marseille depuis deux jours; ses matelots ont navigué avec Cartahu et Vent-Debout, et l'un ou l'autre saura bien le nom de famille de notre pauvre camarade.

— Merci! merci! s'écria Andoche.

— Comme cela, je vous quitte, mais soyez sans crainte... Le matelot n'acheva pas; Toupinet fit dans chambre une brusque entrée, en s'écriant tout essoufflé :

— Monsieur Andoche, il y a une voiture en bas

— Eh bien, demanda le mercier, ne peux-tu savoir ce que l'on te demande.

— Il ne s'agit pas d'une pratique...; c'est une visite qui vous vient.

— Une visite !

— Oui, mon maître, et le monsieur s'appelle M. Honoré Rameau.

La physionomie du mercier s'altéra. Morissot comprit qu'Andoche devait traiter une affaire importante; et, serrant une dernière fois la main du fils de Vent-Debout et celle de l'idiot, qui souriait en nouant ses bouts de corde, il descendit l'escalier en se balançant à droite et à gauche comme un vrai marin à qui le roulis et le tangage sont habituels.

— Toupinet, dit Andoche à l'enfant, tu vas prier M. Honoré de monter, tu le feras entrer dans la chambre grise, et tu reviendras t'installer auprès de mon père; s'il vient des chalands, la sonnette de la porte t'avertira et tu descendras servir la pratique. Sous aucun prétexte tu ne me dérangeras.

— Ça suffit, dit Toupinet qui parcourut, en trois sauts, les quinze marches de l'escalier.

Une minute après, Honoré Rameau le suivait dans la chambre grise où Andoche l'attendait.

VII

LA PREMIÈRE SŒUR DE CHARITÉ

Andoche et Honoré paraissaient également émus. Le mercier présenta un siége au fils de son ancien maître, et demeura debout, attendant qu'on l'invitât à s'asseoir. Honoré Rameau lui fit signe de prendre une chaise et de s'approcher.

— Vous avez besoin de comprendre le but de ma visite, Andoche. Tout est changé dans ma vie depuis plusieurs années? mon père va cesser le commerce, et me met à la tête de sa maison ; de plus, je suis à la veille de contracter un riche mariage ; je ne veux avoir dans l'avenir aucune inquiétude au sujet de ce qui s'est autrefois passé entre nous. L'épée de Damoclès que vous tenez suspendue sur ma tête est une menace permanente, je viens racheter le gage que vous savez, et vous demander quel prix vous exigez du papier...

— En ai-je abusé? demanda froidement Andoche.

— Non, je reconnais qu'un autre s'en serait servi pour me ruiner. Vous vous êtes relativement conduit en homme délicat. Non-seulement vous n'avez pas beaucoup demandé, mais vous avez refusé ce que je vous offris, dans un moment où je pouvais vous croire embarrassé. Je suis donc convaincu que vous ne ferez aucune difficulté pour me rendre une pièce inutile; soyez sûr, du reste, que je serai généreux. Ma situation est assez belle pour me permettre de vous enrichir d'un seul coup; je rachète mon gage vingt mille livres.

— Vingt mille livres! répéta Andoche ébloui.

Honoré Rameau tira deux petits sacs des vastes poches de son habit.

— Voici la somme, dit-il, en montrant les sacs; il en ouvrit un et les rouleaux s'alignèrent sur la table.

— Que le pauvre vieux serait bien soigné avec une pareille somme! murmura Andoche.

— Je n'ai pas besoin de vous demander si vous acceptez, reprit Honoré.

On eût dit cependant que le mercier hésitait. Depuis cinq années il ne demandait rien, ses profits lui suffisaient; il s'était promis de s'en contenter. Mais la tentation était violente; on ne lui offrait pas un secours, on lui donnait une fortune.

Honoré pensa qu'il jugeait la somme insuffisante.

— Fixez le chiffre, reprit-il, puisque vous trouvez celui-ci trop faible.

— Vous vous trompez, monsieur Rameau, répondit Andoche; cette somme est énorme, et j'accepte.

— Alors faisons un échange.

— Nous le ferons, monsieur, seulement il me faut quelques jours...

— A quoi bon réfléchir?

— Ce n'est point pour réfléchir, mais pour agir... que je demande un délai; le papier existe, mais il n'est plus entre mes mains...

— Malheureux! s'écria Honoré Rameau, vous avez osé?..

— Mettre en sûreté la garantie de ma fortune, oui, monsieur; mais je l'ai fait sans danger pour vous.

— Tu me le jures?

— Sur la vie de mon père! et vous savez si ce serment m'est sacré.

— Et combien te faut-il de temps pour avoir ce papier?

— Deux jours seulement.

— J'y compterai...

Mais il était dit que ce jour là Toupinet interrompait toutes les conversations de son maître. Il se précipita dans la chambre grise en appelant au secours. Le vieillard venait d'être pris d'une syncope.

Andoche oublie son visiteur et vole auprès de son père. Vent-Debout ne donnait plus signe de vie. Le mercier s'épuise en vains efforts, rien ne ranime le marin livide et glacé. Honoré, inquiet du résultat de sa démarche, quitte la chambre grise et pénètre dans celle de Vent-Debout. Il veut, avant de partir de Brignoles, emporter une promesse positive ; mais Andoche n'entend plus, ne voit plus. Il appelle son père, lui mouille les tempes, rudoie Honoré Rameau, et s'écrie avec désespoir :

— Un médecin ! un médecin !

— Je monte en voiture, dit Honoré, et je vous envoie tout de suite le docteur Tamarin.

— Oui, le médecin... la vie de mon père... comptez sur moi ! répond Andoche.

— Je reviendrai dans trois jours, ajoute Honoré.

Un moment après, il remontait en voiture, fouettait vigoureusement son cheval et se dirigeait vers Marseille.

Le docteur Tamarin arriva dans la soirée. Andoche

était parvenu à faire reprendre à son père le sentiment de l'existence. Le pauvre idiot faisait peine à voir. Assis sur son lit, le dos appuyé contre de hauts oreillers, il tenait dans ses doigts roidis les cordes qu'il ne pouvait plus nouer, et secouait à droite et à gauche sa tête blanche en répétant :

— Le petit Cartahu mourra ! et je n'aurai pas payé ma dette.

Tandis que Toupinet courait à toutes jambes chez l'apothicaire afin d'en rapporter les remèdes indiqués par l'ordonnance du médecin, Andoche, assis au chevet de son père, épiait avec sollicitude les mouvements et les paroles du vieillard. Il se trouva un peu soulagé après avoir pris quelques gouttes de la potion indiquée. Il parvint même à remuer faiblement les doigts; et, comme si un éclair de raison traversait son esprit, il balbutia en fixant son regard sur son fils :

— Andoche, mon cher Andoche...

— Eh bien, père? demanda Andoche haletant.

— Il faut sauver le petit Cartahu... le chercher au fond, tout au fond de l'abîme...

— Ah ! s'écria Andoche, la raison ne lui reviendra jamais.

Le lendemain Vent-Debout éprouva une rechute. Cependant la nuit fut passable. Le second jour, il se trouvait mieux, et Andoche, profitant de son sommeil, fit seller un cheval et partit pour Toulon. Il revint dans la soirée. Quand il entra dans la chambre du vieillard, il trouva Morissot assis à son chevet, et exécutant à l'aide d'une pelote de ficelle et de petits morceaux de bois une magnifique échelle de sauvetage. Le malade paraissait prendre un vif plaisir à la voir s'allonger; il souriait, frottait ses doigts paralysés et murmurait :

— Le pauvre petit enfant de Cartahu ne restera pas au fond, tout au fond des vagues... sur la roche... il ne sera pas emprisonné dans les roches noires, l'enfant de mon brave Cartahu...

— Ah! je suis content de vous voir! s'écria Andoche en posant amicalement la main sur l'épaule de Morissot.

— Vous allez l'être tout à l'heure bien davantage encore ; car je ne viens pas seulement m'informer de la santé de Vent-Debout, j'apporte encore des nouvelles.

— Des nouvelles !...

— De Cartahu, parbleu! Ce pauvre Cartahu dont le vieux se préoccupe toujours, et dont vous vouliez à tout prix savoir l'histoire... Arrivé à Marseille, j'ai trouvé le trois-mâts ; quant aux matelots, ils devaient connaître le vin de maître Crampon, l'aubergiste de l'*Ancre d'or*. Je vais le soir dans la salle où j'ai vidé autant de pots que cassé de bouteilles ; je renouvelle connaissance avec les amis, je m'informe de Brabançon et Misaine ; on m'apprend qu'ils offrent à souper aux camarades, histoire de dépenser leur paye, et de se flanquer des bosses de distraction. J'attends en sirotant le vin du père Crampon. Brabançon et Misaine arrivent, le chapeau ciré de travers, le collet de chemise crânement rabattu, un bouquet à la veste comme des mariés de village, nous nous accostons en vrais matelots ; on m'invite, j'accepte ; pendant le souper on boit à la santé de ceux qui sont présents, on rappelle les absents ; puis Brabançon se lève et dit :

— N'oublions pas les vieux qui ont bourlingué avec nous ! A la mémoire de Jean Bossoir, à la mémoire de Cartahu !

L'occasion était bonne, comme vous voyez, je la saisis, je m'informe, et j'apprends que le véritable nom de Cartahu était Pierre Ciotat.

Andoche tressaillit, ce nom lui rappelait un souvenir pénible. Le matelot poursuivit :

— Environ deux ans après ce qui s'était passé sur les côtes de l'Inde, quand il racheta au prix de la sienne la vie de Vent-Debout, il profita d'un congé pour faire un voyage dans son pays... Il apprit qu'une pauvre honnête ouvrière, vivant du produit de son travail, était plus d'une fois venue au secours de sa mère ; il voulut la voir ; quand il l'eut vue, il se sentit un grand désir de l'avoir pour femme ; elle était jolie, il la savait bonne... Elle accepta la main du matelot ; quand Pierre Ciotat dut reprendre la mer, Julitte resta à Cette...

— A Cette ! fit Andoche avec agitation ; elle demeurait à Cette ?

— Oui, à Cette ; une jolie petite ville et un beau petit port.

— Et elle s'appelait Julitte ?

— Julitte Ciotat, du nom de son baptême et du nom de son mari.

— Après ! après ! dit fiévreusement Andoche.

— Dame ! après, l'histoire devient triste. Ciotat et sa femme ne furent pas longtemps mariés... Ils avaient un enfant, le petit Rémy...

Andoche se souleva de son siége, et sa main crispée étreignit la table sur laquelle il s'appuyait.

— Vous savez, je vous l'ai appris il y a deux jours, Pierre Ciotat, dit Cartahu, périt dans le sinistre de *la Désirée*. Brabançon et Misaine n'ont pu parvenir à le sauver...

— Mon Dieu ! mon Dieu ! s'écria Andoche en cachant son front dans sa main.

— Comme ça, reprit Morissot, ce que c'est que de nous ! Mes deux meilleurs amis étaient Cartahu et Vent-Debout...; l'un est dans la grande mer, l'autre ne naviguera jamais, et sa raison a fait naufrage... Un mât vous tombe sur la tête, vous fracture le crâne, et d'un marin vous devenez un malade... Maintenant, si vous pouvez quelque chose pour la veuve et l'enfant de Pierre Ciotat, je suis sûr que vous le ferez, car le souvenir de ce qu'a fait Cartahu pour votre père vous est sacré.

— Oui, sacré, vous avez raison, répondit Andoche; et, pour payer au fils la dette contractée avec le père, je jure de me ruiner, de me perdre, s'il le faut.

— Brave cœur, s'écria Morissot ; vous avez raison, c'est une bonne chose que la reconnaissance !

Le marin quitta peu après Vent-Debout et Andoche. L'idiot le regarda partir avec tristesse, ses mains s'agitèrent et lui désignèrent l'échelle inachevée.

— Sauver l'enfant... Cartahu... Rémy...

— Je reviendrai ! cria Morissot.

— Au revoir, dit Andoche ; je vous attendrai, j'ai besoin de vous parler encore.

Le marin quitta la chambre, traversa la boutique, et

s'éloigna en fredonnant un refrain appris à l'*Ancre d'or.*

L'idiot s'endormit paisiblement.

Andoche demeura près de son lit. Assis sur une chaise, les bras pendants sur ses genoux, le front courbé, l'âme dévorée par une pensée persistante, effrayante, atroce, Andoche ne trouvait rien dans son cerveau que cette phrase bourdonnant à son oreille :

— Rémy Ciotat, condamné à dix années de galères, est le fils de Pierre Ciotat qui a sauvé la vie à ton vieux père !

Ainsi, le seul sentiment honnête qui eût survécu dans l'âme d'Andoche se trouvait offensé. Il s'était dit qu'il se sacrifierait pour l'homme à qui il devait de n'être pas seul au monde, et il avait envoyé au bagne le fils de ce brave matelot. Il avait passé des années à rêver quelle preuve de reconnaissance il donnerait à lui ou aux siens, et il apprenait qu'il avait perdu, déshonoré son fils ! Ses remords atteignirent à un tel degré, sa souffrance devint si horrible, qu'il trembla un moment d'être étouffé par son émotion. Son cœur battait à se briser; il entendait des bruits confus, la chambre lui semblait tourner ; il poussait des cris sourds. Ses gémissements attirèrent Toupinet. Andoche le renvoya après lui avoir demandé un verre d'eau.

Quand l'enfant, tout ému de la douleur du mercier, se fut doucement éloigné, Andoche s'agenouilla auprès du lit de son père. Les bras croisés sur la couverture, la tête cachée dans ses doigts, il s'abîma dans le sentiment de sa misère morale, de sa lâcheté, de sa dégradation. Il eût voulu pouvoir rendre à Honoré Rameau ce qu'il tenait de lui pour prix de son silence; la pensée de son père valétudinaire lui interdisait ce sacrifice; mais il se promit au moins de ne plus rien accepter de cet homme, et de mettre tout en œuvre pour réparer l'acte d'iniquité dont Rémy Ciotat portait la peine. Il lui sembla que les rechutes de son père dans ce moment étaient un avertissement du ciel. Il crut que Vent-Debout était perdu s'il ne s'engageait pas devant sa conscience à réparer le mal qu'il avait commis. Le combat qu'il soutint avec lui-même fut long et terrible. Il triompha de ses penchants mauvais. L'humiliation, le châtiment, il accepta tout dans sa pensée, croyant ainsi racheter sa faute devant Dieu.

Vers le matin, il s'endormit. La résolution qu'il avait prise versa le calme dans son âme. Quand il s'éveilla, Vent-Debout paraissait souffrant; il passait ses mains sur son front, et balbutiait des plaintes vagues. Andoche envoya Toupinet chercher le docteur Tamarin. Il ajouta :

— Tu passeras devant la maison de l'abbé Denis, prie-le de venir à Brignoles. Et il ajouta intérieurement : le plus malade ici, c'est moi.

Avant que Toupinet fut de retour, Andoche qui s'était mis à la fenêtre pour voir si l'enfant et le docteur arrivaient, reconnut sur la route l'abbé Denis qu'accompagnait un autre prêtre.

Il descendit, et alla au devant d'eux.

— Nous avons rencontré Toupinet sur la route, dit l'abbé Denis, et nous venons visiter le pauvre impotent.

Andoche s'effaça pour laisser entrer les deux ecclésiastiques.

L'abbé Denis refusa de passer le premier; son compagnon franchit le seuil en lui jetant un regard plein d'un reproche affectueux et d'une douce humilité.

Le mercier s'avança vers le lit du malade.

— Mon père, dit-il, l'abbé Denis et un prêtre de ses amis daignent nous honorer de leur visite... Reconnaissez-vous l'abbé Denis, mon père ?...

— Je me souviens, dit le vieillard... en mer, pendant la tempête... Une dernière prière... l'absolution pour tous... le prêtre, je me souviens bien...

Le vieillard se tourna vers l'abbé Denis :

— Mon fils sauvera le petit Cartahu... mon fils est un bon fils !...

— Par grâce, dit Andoche, en s'adressant à Vent-Debout.

— Laissez, mon ami, répondit le prêtre étranger... le témoignage de votre père est puissant devant Dieu... Vous êtes réellement un bon fils... l'abbé Denis me l'a dit... et croyez-le, vous serez récompensé...

Andoche se sentait l'âme bouleversée. Il passait machinalement la main sur son front mouillé de sueur. Ses jambes tremblaient. Il se soutenait à peine. Tandis que l'abbé Denis s'occupait du vieillard, le jeune prêtre prit la main d'Andoche et le regarda. Ce regard dans lequel la mansuétude s'unissait à une sainte autorité, parut percer à jour la conscience torturée du mercier. Mais loin que cette puissance l'effrayât, et qu'il tentât d'y échapper, il éprouvait un soulagement énorme en sentant que bientôt il aurait à peine besoin de faire un aveu. Les yeux d'Andoche ne fuyaient point ceux du prêtre ; la lumière pure du regard de celui-ci le pénétrait ; bientôt des larmes humectèrent les paupières du coupable, et d'une voix à peine distincte il murmura :

— Voulez-vous m'entendre un moment ?

— Je suis tout à vous, répondit le prêtre.

Andoche le précéda dans la chambre grise.

— Je ne veux pas me confesser, dit le mercier, cela viendra peut-être plus tard. Depuis que vous êtes entré dans ma maison, quelque chose me porte à vous faire un aveu pénible et à vous demander un conseil. Je ne sais point votre nom, vous ne me connaissez pas; et cependant vous sentez déjà que ma conscience est chargée, et je devine que vous saurez m'indiquer le moyen de sortir d'une situation épouvantable. Je ne vous demande pas le secret, je sais que vous le garderez...

— Parlez, mon ami, dit le prêtre en évitant cette fois de regarder Andoche, afin de lui laisser tout son courage.

— Mon père, reprit le mercier, comme si ce titre donné au prêtre le fortifiât, un homme qui a vu commettre un crime est-il obligé de dénoncer le criminel à la justice?

— Cette question est grave, répondit le prêtre, et il me semble que la réponse qu'on y doit faire peut être modifiée par les circonstances.

— Mais si son silence établit une complicité entre lui et le coupable... si un innocent se trouve accusé... si cet innocent est condamné à la place du coupable parce que le témoin continue à se taire... doit-il apprendre la vérité à tous, et livrer aux juges le misérable ?

— Mon ami, répondit le prêtre, toute délation est lâche et offense la charité... Il est horrible de penser qu'un innocent est condamné à une peine infamante, mais le prêtre ne peut exiger que le chrétien vende son frère, quand même celui-ci paraîtrait ne mériter aucune compassion... Si je connaissais un homme ayant été témoin d'un crime, et que tourmentât la pensée de faire luire la vérité sur une affaire terrible, dans ses conséquences, je lui dirais : — Cessez de vous affliger, de pleurer et de souffrir... Quels qu'aient été les motifs de votre silence, continuez à vous taire... Mais si vous connaissez le coupable... amenez-le à force de remords à crier lui-même la vérité... Si vous craignez d'échouer dans cette tâche, ayez confiance en moi... Indiquez-moi un endroit obscur et solitaire, je m'y rendrai pendant la nuit... Le coupable y viendra... Je ne le connais point, je ne verrai pas son visage... Mais je lui parlerai seul à seul, au nom de mon Dieu, et j'espère, oui, j'espère triompher alors même de la plus rebelle nature !

— Ah ! s'écria Andoche les mains jointes et en tombant à genoux, vous êtes véritablement pour moi un envoyé du ciel.

— Relevez-vous, mon ami, dit le prêtre, et comptez sur moi.

— Vous savez maintenant quel poids m'opresse?

— Oui, mon frère.

— Et vous me conseillez?

— D'agir par la persuasion.

— Ah! j'échouerai, s'écria Andoche.

— Seul, vous échoueriez, sans nul doute, mais Dieu sera avec vous. Courage, pauvre égaré; vous avez commis de grandes fautes, mais votre respect pour le quatrième commandement du Seigneur, vous a mérité la grâce du repentir. Rejoignons maintenant l'abbé Denis; j'habite provisoirement sa maison, vous saurez où me trouver.

Le prêtre et Andoche trouvèrent l'abbé Denis occupé à faire boire à Vent-Debout un peu de bouillon.

— Mon ami, dit le jeune prêtre en s'adressant à Andoche, vous êtes seul pour soigner votre père?

— Moi et Toupinet.

— Toupinet est l'enfant que nous avons rencontré sur la route?

— Oui, monsieur.

— Cela est insuffisant; je sais combien vous êtes dévoué, mais pour s'occuper des malades, ce ne sont point des hommes qu'il faut, mais des femmes. Elles deviennent les filles, les mères ou les sœurs des malheureux. Leur main est plus légère, leur voix plus douce... J'enverrai quelqu'un auprès de votre cher paralytique.

— Mais, demanda l'abbé Denis, avez-vous donc déjà réalisé vos projets.

— En partie, du moins... Le grain de sénevé a été été dans la bonne terre, et il produit déjà des fruits excellents... j'attends demain à Marseille madame Le Gras. Elle m'a déjà envoyé quelques-unes de ses filles... et vous jouirez bientôt du bienfait de leur présence. La comtesse de Marmont, devenue veuve, prendra le voile des mains de la fondatrice, et ce sera dans cette maison qu'elle commencera son office de sœur de charité.

Quand l'abbé Denis et son compagnon quittèrent le logis du mercier, il semblait à Andoche que pour lui tout venait de changer de face. Sa conscience s'apaisait, il avait l'espoir que l'abbé Vincent triompherait de l'endurcissement d'Honoré Rameau, et l'idée de voir soigner son père par une des religieuses dont avait parlé le prêtre étranger lui faisait attendre une sorte de guérison miraculeuse.

Le lendemain, en effet, l'abbé Denis et son ami, son frère dans l'apostolat, conduisirent dans la maison d'Andoche une jeune femme portant un costume qui paraissait bizarre au premier aspect.

Il se composait d'une robe de bure grise tombant à plis droits, et d'une coiffure à larges ailes soulevées. Aucun voile ne cachait le visage de la sœur de charité, mais une croix pendait sur sa poitrine et un chapelet de bois noir garni de médailles de cuivre était passé à sa ceinture. Sa figure bienveillante respirait une sérénité admirable, la modestie était dans son regard, la bonté rendait plus doux le sourire de ses lèvres. Sa démarche était noble et simple. Ses mains blanches et belles s'étendirent vers le vieillard confié à ses soins, comme si elle avait hâte de prendre possession de sa mission charitable. L'idiot la considérait avec un contentement mêlé de béatitude. Andoche regardait avec respect cette grande dame devenue la servante des pauvres. Il avait entendu vanter à Marseille l'ordonnance fastueuse de sa maison, le nombre et la tenue de ses valets, et il la voyait attentive et humble, prête à seconder les désirs du vieux matelot et à passer auprès de lui des jours entiers et même des nuits de veille.

— Bon courage, ma sœur! dit le prêtre avec douceur, je vous confie ce vieillard, et si on peut le guérir, vous le guérirez.

La sœur de charité s'inclina devant le jeune prêtre.

Celui-ci leva la main droite, et par un geste rapide et à peine visible il la bénit.

Puis, suivi de l'abbé Denis, il quitta la chambre.

Andoche le rejoignit au bas de l'escalier.

— Puis-je toujours compter sur vous, mon père?

— Toujours; en attendant des indications précises, je prierai pour vous.

— Oh! oui, priez! priez! répéta Andoche, il me semble que Dieu ne peut rien vous refuser.

Quand les deux prêtres eurent disparu à l'angle de la route, le mercier appela Toupinet.

— Tu obéiras comme à moi-même à la sainte dame qui s'occupe de mon père... Si le monsieur qui est venu ici en voiture, il y a trois jours, se présente ce soir et demande à me parler, tu le feras monter chez moi. En attendant, garde la boutique.

Andoche regagna la chambre grise. L'inquiétude s'emparait de son esprit. Il avait besoin de voir Honoré Rameau; il fallait attirer ce coupable, et le mettre en présence de l'homme de Dieu. Andoche ne croyait pas possible que l'on résistât à la parole d'un prêtre qui vous remuait l'âme par un seul regard. Une fois l'obstination d'Honoré vaincue, une fois que le malheureux aurait puisé dans la foi le courage de s'accuser lui-même, Rémy Ciotat serait sauvé, et la dette de Vent-Debout acquittée. Par quelle progression de sentiments devrait passer Honoré Rameau avant d'avoir une force pareille? Il fallait un miracle, mais Andoche ne doutait pas. Cependant la soirée s'avançait, et le fils de son ancien maître ne paraissait point. Enfin le bruit de la course d'un cheval se fit entendre sur la route. Honoré franchit le seuil de la boutique, et monta chez Andoche.

— Monsieur, dit celui-ci avant qu'Honoré le questionnât, il m'est impossible de vous remettre immédiatement le papier que vous venez chercher... Seulement, ce c'est point dans ma maison que je vous rendrai cette pièce, si importante pour vous, mais bien dans un endroit qui vous sera désigné par une lettre que vous recevrez dans quinze jours. Je me trouverai à ce rendez-vous... le papier y aura été déposé à l'avance... Ne cherchez point à me faire changer de résolution; celle-ci est immuable... Acceptez-vous ?

— Il le faut bien, dit Honoré, avec un geste de colère, mais vous abusez un peu trop de votre situation.

Honoré Rameau remonta à cheval.

Le lendemain, après une nuit d'insomnie causée par une lutte avec sa conscience, Andoche écrivit une lettre dont la suscription portait : *à Rémy Ciotat, au bagne de Marseille.*

» Douze jours après, c'est-à-dire l'avant-veille du rendez-vous qu'il avait donné à Honoré, il adressait au fils de Jean Rameau ces trois lignes :

« Inutile de venir.

» J'ai réfléchi.

» Ne comptez plus sur moi. »

VIII

LE NUMÉRO 2918

L'hôtel de l'intendant des galères de Marseille resplendit de lumière; le son voilé des violons parvient au milieu des bosquets; ils jouent cette musique italienne dont les courtisans ont eu l'art de faire une flatterie à l'adresse de Marie de Médicis. Des hommes en riches uniformes, en costumes de gala, entourent des femmes vêtues de brocart, étincelantes de diamants, et dont les yeux semblent adoucis par les boucles neigeuses qui couvrent leurs fronts. Au milieu des gentilshommes on remarque quelques invités à la figure grave, et auxquels les travaux de cabinet conviennent mieux que les soucis de la guerre. Malherbe, accompagné de sa femme, la belle Madeleine de Coriolis, dont le père reçut après la mort d'Henri IV le serment de fidélité des Marseillais à Louis XIII, s'entretient avec son ami François Duperrier. Honoré d'Urfé récite à d'Hozier, le chercheur de généalogies, des fragments de sa pastorale la *Silvanire*. Nicolas de Bausset, lieutenant principal de la sénéchaussée, écoute les fines remarques de l'historien Antoine de Ruffi. Nicolas de Vanto, lieutenant particulier, prend le bras de M. de Guérin, premier procureur, et une vive conversation s'engage entre eux.

— Je vous l'affirme de nouveau, répète M. de Guérin, rien n'est plus officiel ; le digne Gaspard de Seren, économe du chapitre, qui me parlait ce matin de cette affaire, en tenait les détails de M. d'Ollières, capisco de la Major : Notre prélat, monseigneur Nicolas Coëffeteau a reçu une dépêche de S. E. Jean-François de Gondi, et cette dépêche lui annonce l'arrivée à Marseille de l'aumônier de la reine Marguerite, nommé il y a trois ans déjà aumônier général des galères de France.

— L'intendant est prévenu ?

— L'évêque lui a communiqué la dépêche de monseigneur de Paris.

En ce moment Malherbe s'avança :

— J'ai eu occasion de voir à Paris le grand dignitaire dont on proclame l'arrivée ; et je suis certain que les titres qu'on lui décerne ne changeront rien à sa douceur et à son humilité. Je connais son pays, j'ai visité le village du Pouy où il est né ; je me suis assis à la table frugale de Bertrande de Moras, sa mère ; j'ai causé avec les cordeliers d'Atcqs, à qui il dut le bienfait de l'éducation ; partout j'ai entendu vanter sa modestie, dans chaque endroit j'ai trouvé les vestiges de sa charité. Ce n'est pas un homme, mais un apôtre. Il remue des millions, et porte une soutane rapiécée. Je ne sais point s'il est grand théologien, mais il possède une éloquence sans égale. Un jour, reçu en audience par la reine Anne d'Autriche, il lui demandait de l'argent! Pour qui? pour ses pauvres, ses missionnaires ou ses enfants trouvés, je l'ignore... Anne lui répondit qu'elle verrait plus tard, mais qu'en ce moment elle n'en avait pas ; lui, sans s'émouvoir, avec une douceur railleuse et pourtant admirable, se contenta de lui dire : — Vous êtes reine, et vous portez des diamants... Anne d'Autriche comprit, enleva ses bracelets et les lui donna. Son génie touche aux points les plus opposés ; le génie est tout ce qui est sublime, et les grands poëtes ne sont pas les hommes qui alignent des stances, mais ceux qui créent les œuvres immortelles!

— Vous êtes injuste pour vous, Malherbe, dit Duperrier.

— Non pas, reprit le poëte; tous les livres de l'humanité intelligente périront avant que s'oublient les fondations de cet ancien berger, qu'anime un souffle divin. Il évangélisera les campagnes, il ramassera dans les rues désertes les enfants du vice et de la misère, il consolera nos prisonniers, et nous donnera des légions d'anges terrestres dans les filles de la charité. Une telle mémoire est impérissable. L'Église la revendiquera quelque jour, mais déjà l'histoire l'aura inscrite, et l'humanité s'en fera honneur.

Un groupe s'était formé autour de Malherbe; le nom de l'aumônier général des galères circulait. Chacun racontait un trait de cette vie évangélique sacrifiée au bien de tous. On se réjouissait de l'avoir quelque temps dans les murs de Marseille; et l'intendant s'étant approché, on s'enquit de l'heure probable de l'arrivée du délégué de monseigneur de Gondi.

— Mais, répondit l'intendant, l'avis reçu par monsieur de Coëffeteau est formel; aussi, dès demain, notre évêque envoie à la rencontre du favori de Sa Majesté; mes carrosses sont mis à sa disposition, et on prépare pour lui un appartement dans l'hôtel de l'Intendance.

Cette nouvelle fut l'événement de la soirée. Quand on se sépara, chacun se promit de se retrouver vers dix heures le lendemain sur la route de Paris à Marseille. On tint parole. Les carrosses à six chevaux de l'intendant, la voiture de monseigneur, une suite nombreuse de gentilshommes à cheval quittèrent la ville, de façon à se trouver sur le chemin que devait suivre l'aumônier général des galères de France. Les femmes en grande parure, à demi cachées dans des carrosses ou des chaises, avaient sur les genoux des bouquets et des couronnes dont elles comptaient lui faire hommage. Enfin, un groupe de pauvres et d'orphelins se traînait sur la route; ces malheureux voulaient recevoir la première bénédiction de l'ami des vieillards et du père des orphelins. Les cloches des Accoules, de la Major et de tous les couvents de Marseille mariaient leur sonnerie harmonieuse; le peuple désertait la ville. Vraiment c'était une grande et belle fête que l'arrivée de cet apôtre de l'Évangile, de ce héros de la charité. A dix heures on attendait vainement; onze heures sonnèrent, et les carrosses de monseigneur l'aumônier et de sa suite ne paraissaient pas. L'impatience gagnait les groupes; l'inquiétude se communiquait. On attendit jusqu'au soir, et toutes les pieuses espérances furent déçues. L'intendant des galères, monseigneur de Cœffeteau, le clergé de la Major, les gentilshommes, les femmes de la haute noblesse durent rentrer à Marseille, en se demandant quel malheur était arrivé à l'ami de monseigneur de Gandi.

Si au lieu de suivre la grande route royale, les curieux s'étaient tenus sur les bords d'un petit chemin désert à cette heure, brûlé par le soleil, attristé plutôt que préservé par l'ombrage des oliviers, ils auraient vu un pauvre prêtre couvert de poussière, ruisselant de sueur et s'appuyant sur un bâton. De temps en temps il adressait la parole à un valet vêtu d'un habit brun et qui ne semblait pas supporter la fatigue avec autant de courage et de patience que son maître. Enfin, les deux voyageurs gagnèrent une rue déserte de la ville, et retinrent dans une auberge de pauvres gens deux chambres plus que modestes.

Quand l'humble prêtre fut installé dans l'espèce de grenier où on l'avait fait monter, il mangea un peu de pain durci, prit un verre d'eau, commanda un dîner suffisant pour son domestique, puis, tirant de son portemanteau un sac de pistoles, il en divisa le contenu en plusieurs paquets, et en remit la moitié au serviteur.

— Tu te souviens, dit-il, du pauvre homme qui nous a raconté son histoire sur le chemin, hier; tu porteras chez lui ces vingt pistoles, elles le sauveront d'un moment difficile... Voici deux autres commissions également pressées; si l'on te demandait de la part de qui tu viens...

— Eh bien! dit Firmin, je répondrai : De la part de la Providence

Le lendemain le pauvre piéton qui faisait si obscurément son entrée dans la ville de Marseille, commençait ses promenades dans l'antique cité phocéenne, et nous l'avons vu déjà servant de protecteur à Rémy contre la colère de Pa-Thermute. Tandis que le condamné racontait à Paulin sa vie quotidienne, que le petit muet s'efforçait de lui répondre, entremêlant ses gestes parlants, de baisers et de tendres caresses, l'étranger causait avec Pa-Thermute et obtenait de visiter incognito l'hôpital du bagne et les galères. L'argousin craignait bien un peu de se compromettre, mais le voyageur trouva dans sa bourse des arguments solides, et il fut décidé que vers la fin de la journée, quand l'escouade de condamnés qu'il gardait serait rentrée sur la galère royale, et chaque homme réintégré à sa place respective, il pourrait étudier à loisir l'administration du bagne, et se rendre un compte exact de la vie des forçats.

L'entrevue des deux frères se prolongea plus d'une

heure ; enfin Robin Grivot fit comprendre à Paulin que sa mère pouvait être inquiète, et l'enfant se sépara de Rémy, en lui faisant comprendre qu'il reviendrait le lendemain. Le condamné chercha des yeux son protecteur inespéré, mais il avait disparu. Pa-Thermute enjoignit doucement à Rémy de rejoindre ses camarades, et pour la première fois, depuis huit années, le fils de Julitte Ciotat qui avait béni Dieu dans ses épreuves, le bénit pour la consolation qu'il lui envoyait.

La journée s'avançait, Pa-Thermute rallia ses hommes et donna le signal du départ. Une demi-heure après ils étaient enchaînés à leurs bancs. Seulement on remarquait une grande différence dans leur attitude. Quelques-uns de ceux qui étaient restés à bord de la galère avaient pu saisir des lambeaux de conversation entre l'argousin en chef et les compagnons. Ils avaient compris que le roi s'occupait d'eux ; qu'à la prière d'un homme vénéré comme un saint pour sa charité inépuisable, il avait créé une charge nouvelle dans l'État et dans le clergé, et qu'un décret daté déjà du mois de février 1619, donnait le titre d'aumônier général des galères à un humble prêtre qui, après avoir accepté la modeste cure de Clichy près Paris, commença à évangéliser les campagnes voisines d'Amiens pendant son séjour au château de Folleville. Sa bonté, l'équité indulgente de son âme le faisaient regarder par tous comme un véritable successeur de l'apôtre dont l'unique prédication se résumait dans ces mots : — Mes petits enfants, aimez-vous les uns les autres ! — Pour la première fois les gardiens et les argousins allaient trouver un juge à leur tour. Pour la première fois le forçat aurait le droit de faire entendre une plainte et de présenter une supplique. Du fond de sa prison flottante il élèverait la voix pour crier : Je souffre ! et la justice se ferait dans le lieu d'expiation choisi par la justice. Ce fut un grand événement pour ces malheureux. L'un songeait déjà à implorer sa grâce, celui-ci montrerait ses jambes et ses pieds ensanglantés par les fers, celui-là supplierait le prêtre d'écrire pour lui une lettre à sa femme ; tous exposeraient leurs griefs, demandant qu'on remplaçât les bourreaux qui les torturaient par des hommes conservant au milieu de leurs fonctions rigides quelques sentiments d'humanité. On eût dit que les forçats étaient sauvés depuis qu'ils attendaient ce visiteur, égal des prélats par le rang, confesseur de la première femme de Henri IV, ami du roi Louis XIII, et protégé de la reine Anne. La lumière allait se faire dans leur nuit ; un rayon d'espérance leur rafraîchissait le cœur. Qui sait, si le roi qui ne refusait rien à ce ministre si humble et si bon ne l'envoyait pas à Marseille les mains pleines de grâces à répandre. Et, ne rendît-il la liberté à aucun des condamnés, ceux-ci auraient du moins la certitude qu'ils n'étaient point tellement retranchés du monde que nul ne songeât à les consoler. On leur envoyait un ami, un père ; ils se jetaient par avance dans ses bras miséricordieux, et leur cœur se gonflait de reconnaissance. Les travailleurs en revenant du port apprirent bien vite le sujet de la joie de leurs camarades. Pendant le reste du jour les compagnons eurent beau tenter de faire observer le silence aux forçats, ils continuèrent de s'entretenir à voix basse ; et comme les argousins et leurs aides sentaient qu'ils avaient à se reprocher bien des rigueurs inutiles, ils laissèrent un peu plus de liberté aux malheureux. L'un de ceux qui se trouvaient sous les ordres de Pa-Thermute ayant menacé du fouet un condamné, celui-ci répondit à voix haute :

— Frappe si tu veux, nous serons vengés demain.

Le compagnon s'éloigna en grommelant et se contenta de faire siffler ses lanières de cuir.

On ne ferma pas les yeux cette nuit-là, à bord des galères de Sa Majesté ; le matin tous ces hommes dévoraient impatiemment les heures. On les employa au nettoyage du navire, tout fut rangé, préparé, soigné. On s'attendait à recevoir à bord, en même temps que l'aumônier général, monseigneur de Coëffeteau, l'intendant des galères, et les officiers principaux qui appartenaient tous à la première noblesse du royaume.

Les quatre-vingt-douze soldats et les trente mariniers de *Rambane* formant l'effectif militaire de chaque galère avaient revêtu leur costume des grands jours. Le pavillon brodé d'or flottait au mât. Tout prenait un air de fête, et dans la *vague* les cœurs battaient à l'unisson, et les mains se pressaient furtivement quand les condamnés gardaient le silence ému de l'attente. L'aumônier général devait être arrivé de la veille. Les officiers qui assistaient à la fête donnée à l'Intendance, racontaient à leurs camarades les détails donnés sur l'aumônier par le poëte Malherbe et par d'Hozier le déchiffreur de blason. On attendait de minute en minute l'arrivée des carrosses, et l'impatience commençait à gagner tout le monde. Elle était si grande dans les *vagues* des galères qu'il ne fallait rien moins que la terreur inspirée aux compagnons et aux argousins par la visite de l'envoyé du roi pour les empêcher de s'abandonner à l'excès de la sévérité. Les forçats prenaient déjà leur revanche. Leurs paroles d'espérance furent bientôt mêlées de railleries à l'adresse de leurs gardiens. Ils leur reprochèrent les violences dont ils avaient été victimes ; ils menacèrent presque à leur tour, et le nom du pacifique prêtre qui allait descendre dans les cachots pour les calmer devint bientôt un appel à la révolte. Les argousins se demandaient ce qu'ils devaient faire. Si la situation se prolongeait, la position ne serait plus tenable pour eux Enfin, à bord de la galère où se trouvait Rémy Ciotat, un argousin signala un carrosse de l'Intendance arrivant au galop de quatre chevaux rapidement conduits Un grand mouvement se fit sur le pont; il fut entendu de la *vague*, et les mains des forçats meurtries par la rame y répondirent par des applaudissements enthousiastes.

Un moment après, le premier argousin, plus menaçant que jamais, annonçait aux forçats avec une joie cruelle que l'aumônier des galères n'étant pas arrivé, il y avait tout lieu de croire qu'il renonçait à son voyage à Marseille.

A une stupeur morne succéda bientôt chez les condamnés une violente colère. Tous les yeux mouillés de pleurs de joie il y avait une heure, étincelèrent de rage; les poings se fermèrent; les injures furent vomies par toutes les bouches. Ce fut un bruit, un tumulte, un désordre, si effrayant que l'argousin, quelque habitué qu'il fût aux révoltes du bague, trembla devant ces indignations et ces désespoirs. Il écrivit sur un carnet les noms de quelques-uns des condamnés; et, comme il s'approchait des trois plus mutins, l'un d'eux leva sa chaîne et, aveuglé par la fureur, s'en servit comme d'un marteau pour frapper l'argousin à la tête.

Celui-ci recula effrayé, puis il étancha avec calme le sang de sa blessure; et, gagnant l'escalier, il se contenta de dire, quand il eut atteint la seconde marche :

— Souviens-toi que tu seras rompu vif.

Sans raconter à personne ce qui venait de lui arriver, il donna ordre à son compagnon de prévenir Pa-Thermute.

Celui-ci était alors en conversation très-animée avec un homme dont le visage disparaissait presque complétement sous les bords d'un large chapeau, et dont un manteau sombre cachait les vêtements :

Pa-Thermute répondit au compagnon qu'il descendrait faire sa tournée, et quand il se retrouva débarrassé de tout témoin, il dit à l'étranger :

— Persistez-vous dans votre résolution?

— Plus que jamais.

— Vous savez qu'ils sont en révolte.. Je ne suis pas moi-même en sûreté...

— N'ayez aucune crainte, ni pour vous ni pour moi.

— Venez donc ! dit Pa-Thermute.

Il passa en avant, descendit un escalier rapide, et l'étranger le suivit.

A mesure qu'ils approchaient de la salle de la *vague*, le tumulte grandissait. L'homme qui venait de blesser l'argousin, rendu à lui-même par la terrible parole de son bourreau, frissonnait d'épouvante. On entendait des cris, des sanglots, des blasphèmes. Les fers se heurtaient, et parfois on distinguait des bruits sourds et mats, comme si quelque malheureux tentait de se briser le crâne contre les flancs de la galère.

Pa-Thermute décrocha une lanterne, ouvrit la porte et pénétra dans la salle. Quand les condamnés l'aperçurent, il y eut une nouvelle explosion de cris, de menaces, de vociférations. Le sous-argousin étendit la main pour empêcher l'étranger de s'avancer ; mais celui-ci le regarda avec le calme qui ne l'abandonnait jamais, fit de la main un geste pour apaiser son inquiétude, et continua de s'approcher des galériens.

Pa-Thermute, intéressé par cette scène, plaça la lanterne sur une haute planche, et demeura témoin muet et impassible de ce qui allait se passer.

L'étranger ôta son chapeau à grands bords, afin de mieux voir ceux qui se trouvaient devant lui: et sans craindre l'expression féroce de leurs physionomies, il vint tout près de ceux qui semblaient le plus irrités, et leur demanda d'une voix douce :

— Eh bien! mes amis, vous trouvez donc aujourd'hui vos peines plus amères et vos chaînes plus lourdes?

Il sembla que cette voix compatissante, imprégnée de bonté, leur enlevait à tous un poids du cœur. Leurs bras levés s'abaissèrent, leur contenance devint plus humble; ils n'osaient parler maintenant, et cependant il leur semblait à tous que celui qui venait de leur adresser la parole pouvait alléger leur souffrance, apaiser leurs gardiens et faire rentrer un peu de paix dans leur conscience.

L'étranger parcourait les rangs des galériens; il gardait le silence et attendait que les malheureux recouvrassent assez de calme pour lui parler. Enfin, l'un d'eux, plus hardi que les autres, celui qui venait d'entendre sa sentence de la bouche du premier argousin, s'écria :

— Ce que nous avons, je vais vous le dire, moi! Les autres se taisent, ils font bien! la plainte n'avance pas ici et quand nous avons cru que le droit de réclamer nous serait donné, et qu'une fois au moins on nous rendrait justice, nous nous sommes sentis si heureux, si transportés que toute cette joie a tourné en colère quand on nous a dit de ne plus espérer...

— Pourquoi cesseriez-vous d'espérer, mon ami? demanda le visiteur.

— Ah! voilà, répondit le galérien... On nous traite ici non pas en bêtes de somme, nous n'aurions rien à dire, mais en bêtes sauvages... On nous enchaîne comme les tigres de la ménagerie du roi, que j'ai vus une fois à Paris... Nous avons toujours tort... Les chefs n'admettent pas que les garde-chiourmes se trompent. On nous accuse et nous sommes châtiés! Et quel châtiment! Nous administre-t-on le fouet, nous fait-on passer par les verges? Ce serait en vérité trop peu! Le bourreau, toujours le bourreau! pour nous percer la langue, nous abattre les oreilles, nous mutiler le visage... Moi qui viens de lever sur un argousin mes mains enchaînées, je serai rompu vif...

Le visiteur frémit de tout son corps.

Le forçat reprit.

— Il y a deux jours, une nouvelle circula dans le bagne. On disait qu'un homme de Dieu, un homme capable de faire croire que les anges descendent sur la terre, s'était senti touché par les malheurs des forçats et qu'il avait obtenu du roi la mission de visiter les galères. Tout notre espoir se tourna vers lui ! Car enfin, dans cette salle étroite, dans cette *vague* étouffante où nous mourons lentement, il y en a qui expient des fautes relativement légères : du braconnage et de la contrebande. C'est horrible, monsieur ! Moi, j'ai tué un garde du roi... sans préméditation, dans un moment de colère... D'aucuns disent qu'ils sont innocents ! Dans tous les cas, pour une heure d'oubli, une faute, même un crime, est-on si bien séparé du monde des vivants, qu'on ne doive voir que des argousins, et ne sentir que le fer du boureau...

— Continuez, mon ami, dit l'étranger d'une voix émue.

— Nous recevons ici une nourriture insuffisante, nous dormons sur ces bancs, nous ne quittons jamais notre livrée d'infamie... Nos mères, nos sœurs, nos femmes, n'ont même pas le droit de pleurer avec nous... Si par hasard un ami, un parent nous reconnaît sur le port ou nous travaillons, et qu'il tente de nous adresser quelques mots, on l'éloigne brutalement. Notre titre de chrétien, si des forçats le gardent encore, s'efface de notre cœur, car nous manquons de prêtres... Personne n'en a plus besoin que nous cependant, si au milieu de cet enfer il en descendait un ! je le jure, au nom de tous, il ne recevrait de nous que des témoignages de respect et de reconnaissance... Mais l'autorité a su sans doute ce que voulait faire pour notre amendement et notre consolation, l'aumônier des galères, et nous venons d'apprendre qu'il ne nous visiterait pas. Cette nouvelle nous a porté un coup terrible ! tout ce que nous avions attendu de bon s'est changé en colère ! Nous sommes abandonnés, nous sommes abandonnés, nous sommes maudits !

— Non, mon frère, dit le visiteur, vous n'êtes pas abandonnés, celui que vous attendiez entendra vos réclamations, il fera droit à vos requêtes, il viendra au milieu de vous comme un frère, et vous ne tremblerez pas en sa présence, vous ne le redouterez pas... car il vous prendra les mains comme je fais en ce moment, et il priera Dieu comme je le prie pour qu'il vous fortifie et vous bénisse !

— Il viendra ? s'écrièrent les forçats tous d'une voix ; vous nous le promettez ?

— Je vous le promets.

Le visiteur s'approcha d'un vieillard.

— Que souhaitez-vous donc de lui ? demanda-t-il.

— Le pardon de mes crimes, monsieur, j'ai quatre-vingts ans, et je redoute le juge d'en haut !

— Le repentir efface toutes les fautes, mon ami.

— Moi, dit un jeune homme, je me plaindrai du poids de mes chaînes, elles brisent mes os.

— Le Christ traînait une plus lourde croix! dit l'étranger, et cependant il était fils de Dieu.

— Je le supplierai d'obtenir que je revoie mes enfants, dit un galérien, dans les yeux duquel coulaient de grosses larmes.

— Vous les embrasserez, mon ami...

— Je demanderai le châtiment des argousins, dit en se levant un homme dont les yeux lançaient des flammes.

— Le ministre du Dieu de paix ne sait ordonner que l'indulgence. Vous pardonnerez, il vous sera beaucoup pardonné!...

Le visiteur se trouvait alors auprès d'un condamné qui, assis sur son banc, la tête plongée dans ses mains restait complétement en dehors de ce qui se passait autour de lui. Le visiteur posa sa main sur son épaule, et le forçat levant les yeux étouffa un cri de supplice.

— Vous! vous! balbutia-t-il.

Il venait de reconnaître l'étranger dont une seule parole avait obtenu de Pa-Thermute une grâce inespérée.

— Ne demanderez-vous rien à l'aumônier général des galères?

— Il viendra trop tard murmura le jeune homme accablé.

— Trop tard, pourquoi?

— Ah! vous êtes bon, monsieur, dit Rémy, et je me sens attiré vers vous de telle sorte que mes secrets m'échappent... Il me semble que vous qui m'avez donné la liberté d'embrasser mon frère, mon petit Paulin, vous pourriez plus encore... que vous êtes tout-puissant parce que Dieu vous aime et que vous aimez les hommes... Tenez, parmi ceux qui sont dans cet enfer, il n'en est pas de plus misérable que moi... Mon malheur m'envahit... Il monte, il monte comme les vagues, je tombe écrasé sous son poids... Et je sens que le désespoir m'inspirera quelque résolution funeste...

— Calmez-vous, mon enfant, dit le visiteur d'une voix douce, calmez-vous...

— Si vous saviez tout, reprit le condamné, si vous alliez au fond de ma souffrance... Il faudrait tout vous dire, il faudrait avoir le temps de vous révéler...

— Eh bien! je vous écoute, parlez...

— Mais le gardien?

— Le gardien n'est pas aussi méchant qu'il en a l'air.

— Écoutez, monsieur, si vous doutez de moi, de la véracité de mes paroles, arrêtez-moi dès le premier mot... Être accusé de mensonge me ferait un mal horrible, plus grand à cette heure que toutes mes tortures passées... Aucun homme ne souffre ici autant que moi... Tous me haïssent, les argousins comme les forçats... Je ne me mêle point à leur vie ; je ne redoute pas les premiers, je ne parle point aux autres... Leur éducation n'est pas la mienne... Mon histoire ne ressemble point à la leur... Je porte les fardeaux trop lourds pour leurs épaules, je mange les restes de leur ignoble gamelle, je reçois les coups de fouet qu'ils méritent... On ne peut me pardonner de garder ma fierté, et de veiller sur mon âme ! Ah ! monsieur, sur la tête du pauvre enfant que j'ai pressé dans mes bras, sur ma mère mourante à cette heure, sur la croix du Christ, je suis innocent.

Le visiteur fixa son regard dans le regard de Rémy.

La lueur rouge de la lanterne éclairait cette scène d'une façon étrange. Rémy, les bras croisés, fortement ému, mais gardant l'assurance que la vérité intime communique, aurait voulu mettre toute son âme dans ses yeux, afin que le visiteur perdît ses doutes s'il en avait conçu.

Mais celui-ci, posant sa main sur la tête du jeune

homme avec un geste qui bénissait et protégeait à la fois, murmura d'une voix douce :

— *Dieu dit : Que la lumière soit, et la lumière fut!*

Des larmes humectèrent les yeux de Rémy.

— Eh bien? demanda l'étranger.

— La lumière peut se faire... la lumière luirait, si le défenseur que nous attendions était venu !

— Qu'aurait-il fait, mon ami ?

— Il eût obtenu pour moi la permission de m'absenter du bagne pendant cinq jours...

Remy fouilla dans sa poitrine et en tira un papier.

— Voyez cette lettre adressée au numéro 2918... Ce numéro c'est moi... Si demain je pouvais quitter cette galère, j'irais chercher la preuve de mon innocence, cette preuve que j'ai tant demandée à Dieu... ma mère serait sauvée, car le désespoir seul la tue... cinq jours ! je ne demande que cinq jours de liberté, et depuis huit années je subis le martyre...

— Comment s'appelle celui qui vous adresse cette lettre?

— L'avis est mystérieux... mon correspondant paraît avoir peur de se compromettre... il me conseille de m'évader, en cas d'échec. Ce n'est pas le châtiment qui m'effraie... mais si j'échoue dans ma tentative, tout est perdu... Ah ! la lettre est précise...

Avant demain il faut que j'aie trouvé un moyen de salut : sinon, je me tue !

— Mon enfant ! s'écria le prêtre, ce crime seul est irrémissible.

— Ah ! j'ai été patient bien des jours et bien des mois... Tant que je n'ai point vu de remède à ma souffrance, je me suis efforcé de l'accepter... Je me disais : Mon courage à soutenir l'épreuve me méritera de revoir ma mère ! Elle me sait innocent, elle ! et Paulin aussi ! Quand je serai quitte de mes dix ans de tortures, nous nous exilerons ensemble... mais tout a changé pour moi depuis qu'un mendiant inconnu m'a glissé cette lettre... C'était le ciel qui s'ouvrait, je pouvais devenir libre ! non pas après avoir subi jusqu'au bout une peine infamante, mais libre ! et réhabilité devant ma mère, devant tous ! j'aurais expliqué cela à l'aumônier envoyé par le roi ! Il m'aurait compris, il eût parlé à l'intendant ou m'aurait dit : Partez ! et j'aurais couru au rendez-vous indiqué, j'aurais eu la preuve de mon innocence, je l'aurais montrée à tous ; cette idée, cette espérance exaltait mon esprit jusqu'au délire... J'ai passé quinze heures roulant ce projet dans ma tête enfiévrée, il ne me reste plus qu'à me précipiter au fond de la mer si toute espérance vient à m'échapper...

— Vous ne mourrez pas ! s'écria l'étranger, je ne veux pas que vous mouriez !

— Faites moi donc vivre libre sous le ciel, et rendez-moi mon honneur perdu!

— Mon ami, dit l'étranger d'une voix douce et triste, vous vous êtes abusé sur l'étendue des pouvoirs que le roi conférait à l'aumônier des galères. Jamais il n'eût obtenu de l'intendant cinq jours de liberté pour vous... Mais il faut espérer contre toute espérance ; où Dieu est pourquoi douter du miracle ? et Dieu est toujours au milieu de ceux qui pleurent!

— Ah! vous vous emploirez pour obtenir...

— Je vais entendre ceux de vos compagnons qui m'appellent ; avant de quitter la *vague* je reviendrai vers vous.

L'étranger continua à prêter l'oreille aux réclamations des malheureux ; parfois il s'arrêtait, posait un doigt sur son front comme pour mieux classer dans son esprit ce qu'il voulait retenir. Chacun de ceux qui lui parlaient se sentait touché, ému de son regard et du son de sa voix.

Pa-Thermute, qui avait vu l'inutilité des mesures répressives, se demandait quel secret employait cet homme si simple pour adoucir subitement ces farouches natures.

— Reviendrez-vous? lui demandèrent cent voix.

Le visiteur sourit d'une façon mystérieuse. Il remonta ensuite avec Pa-Thermute la moitié de l'escalier conduisant sur le pont et une conversation animée s'engagea entre eux.

Pa-Thermute repoussait visiblement une prière que lui adressait le visiteur.

Celui-ci tira de sa poche une lourde bourse et la remit au gardien.

— Voudriez-vous me corrompre? demanda l'argousin.

— Mon ami, répondit le visiteur, faut-il vous montrer de nouveau le parchemin que vous connaissez déjà. Je n'ai point besoin de vous corrompre, puisque je puis vous faire un devoir de m'obéir. Je vous remets un peu d'or pour venir à votre aide si vous en avez besoin, ou vous permettre de faire quelques charités si vous ne désirez aucun secours, ou aucune compensation aux dérangements que j'apporte à votre service habituel.

Pa-Thermute rassuré, commença à trouver moins étrange la proposition de l'inconnu; et celui-ci prenant de nouveau le parchemin scellé que l'argousin connaissait déjà, se contenta de dire :

— Que peux-tu craindre? tu réponds de cent huit hommes sur ta galère, tu les auras encore... Si l'on appelle le numéro 2918, le numéro 2918 répondra.

Pa-Thermute regarda tour à tour le sac d'écus, le parchemin et l'étranger, flotta indécis un moment encore, puis répondit :

— Je vais chercher le forçat.

Les galériens ne pouvaient entendre l'entretien de Pa-Thermute et du visiteur. Rémy Ciotat, convaincu que celui-ci ne manquerait point à sa promesse, l'attendait avec impatience, Ce ne fut pas l'étranger qui s'approcha de lui. Pa-Thermute détacha silencieusement l'anneau qui liait Rémy au banc de la galère.

— Il veut vous parler, dit-il.

Rémy suivit Pa-Thermute.

— Le geôlier gagna un petit enfoncement proche de l'escalier, et le visiteur s'adressant au forçat.

— Vous avez protesté de votre innocence, et j'ai cru à votre parole... Vous avez demandé votre salut à Dieu, et serez sauvé! mon ami, vous êtes libre d'aller chercher le papier précieux contenant l'attestation de votre innocence... Vous demandez cinq jours... il faut tout prévoir... Si ce laps de temps ne suffit pas, prolongez votre absence, vous ne devez revenir ici que muni de la pièce qui vous est promise... J'ai foi en vous! et je sais que ma confiance ne sera point trompée... Allons, continua le visiteur en s'adressant cette fois à Pa-Thermute, enlevez-lui ses fers...

Rémy croyait faire un rêve. Il pleurait, il embrassait les mains de l'inconnu; il ne pouvait croire à tant de bonheur, sa joie se répandait au dehors d'une façon désordonnée, et cependant elle l'étouffait encore... Le visiteur le regardait avec une expression indicible. Tout ce que la mansuétude a de plus divin s'épanchait de son regard et rayonnait dans son sourire. Un bruit sec retentit, les jambes de Rémy étaient dégagées; le jeune homme allait une dernière fois remercier son bienfaiteur, quand il recula stupéfait, épouvanté, refusant de croire le témoignage de ses yeux... L'étranger venait de poser tranquillement son pied sur un escabeau, et Pa-Thermute rivait à sa cheville les chaînes dont Rémy venait d'être délivré.

— Cela ne se peut pas! cela n'est pas possible! s'écria le jeune homme, je n'accepte plus votre dévouement!

— Et votre mère, mon fils?

Rémy fit un geste désespéré.

— Il est trop tard maintenant, Rémy, pour revenir sur une décision dont dépend votre bonheur; vous partez, je reste en ôtage; que sont cinq jours de souffrance auprès de ce que vous avez enduré? Et encore, mon ami, croyez bien que la certitude de vous fournir un moyen victorieux de répondre à une accusation injuste, m'empêcher de songer que je porte des chaînes et que je suis rameur sur les galères du roi !

Rémy s'agenouilla, et cette fois ce fut sur les pieds nus et enchaînés du visiteur qu'il colla ses lèvres tremblantes.

— Dieu soit avec toi ! mon fils ! dit celui-ci avec ferveur ! Il l'attira dans ses bras, l'y garda un moment ; puis, s'arrachant lui-même à cette étreinte :

— Pars ! dit-il, tout est consommé.

Une minute après, le nouveau numéro 2918 était lié au banc que Rémy venait de quitter ; l'obscurité la plus complète régnait alors dans la vague. Pa-Thermute remonta, aida l'ancien forçat à changer d'habits, descendit l'escalier de bois collé aux flancs de la galère, entra dans un canot, en remit les rames au jeune homme et lui dit tout bas :

— Nage vite !

— Je reviendrai ! répondit Rémy Ciotat.

— C'est ton devoir, répliqua le gardien.

La barque s'éloigna sans bruit, et Pa-Thermute regagna le pont en murmurant :

— Il promet de revenir dans le premier moment... Il faut bien avoir de la reconnaissance... C'est égal, à sa place, moi je ne reviendrais pas...

Comme Rémy amenait sa barque dans un coin où il lui était facile d'aborder, il crut voir dans l'ombre, proche d'un amas de ballots et de madriers, un homme qui observait curieusement ses mouvements et le suivait du regard avec persistance.

Rémy effrayé s'éloigna aussi rapidement que le lui permirent ses jambes endolories. Il ne se doutait guère que celui dont il fuyait l'espionnage et qui l'avait vu quitter la galère, descendre dans le canot et aborder, n'était autre qu'Honoré Rameau, le fils de son ancien maître.

IX

LES GORGES D'OLLIOULES

Honoré se croyait à la veille de retrouver enfin son indépendance, et toute sa liberté d'esprit, en anéantissant le compromettant papier signé autrefois à Andoche. Les quinze jours fixés par l'ancien domestique de son père lui semblèrent d'une mortelle longueur. Il les passa à Marseille dans l'inquiétude et l'attente ; la fièvre d'impatience qui le dévorait augmentait d'intensité à mesure que se rapprochait le jour indiqué. Il épiait les gens de l'auberge où il logeait, descendant vingt fois demander si personne n'avait apporté une lettre à son adresse, et finissait par se croire oublié, quand il reconnut de loin Toupinet courant à toutes jambes et regardant l'enseigne des boutiques et celles des hôtelleries, afin de s'assurer qu'il ne se trompait pas. Honoré appela une des servantes, lui demanda une bouteille de vin et des verres, et ordonna de faire monter le petit messager. Toupinet salua gauchement, tira la lettre du fond de son chapeau et la tendit à Honoré. Celui-ci la décacheta avec rapidité, mais plus vite encore il pâlit et tomba sur son siège en murmurant le mot de : Misérable !

Toupinet, interdit du mauvais résultat de son message, demeurait debout, intimidé, continuant à retourner dans ses doigts les bords de son chapeau.

Honoré s'aperçut au bout d'un quart d'heure qu'il n'était pas seul. Son regard ardent, aigu, se fixa sur l'enfant, il réfléchit un moment encore, emplit de vin un grand verre et le tendit à Toupinet.

Bois, dit-il, tu dois être las.

— Pour cela, oui, de vrai, monsieur ; aussi ne retournerai-je pas à pied jusqu'à Brignoles ; c'est drôle comme les lieues s'allongent... Il me semble que je les ai toutes dans les jambes.

— Et qu'as-tu au fond de ta bourse ?

— Un écu, un bel écu sonnant et battant neuf !

— As-tu jamais eu de l'or ?

— A moi ?

— Oui, à toi.

— Jamais, répondit Toupinet, et m'est avis que l'or n'est pas la monnaie des pauvres gens.

— Non, car on cesse d'être un pauvre homme dès qu'on en a... Encore un verre de vin, Toupinet.

— Vous êtes bien bon, monsieur, et ça fait descendre la poussière qu'on avale sur le chemin ; mais l'habitude de boire d'aussi fameux vin me manque, et si j'en vidais un autre verre je ne connaîtrais plus la route de Brignoles.

— Eh bien ! dit négligemment Honoré, on te ramènera.

— En voiture, comme un monsieur ? demanda Toupinet en posant son verre vide sur la table ; dans votre carrosse, qui a de jolis chevaux, ma foi, aussi jolis que ceux de monsieur le gouverneur de Provence.

— Tu as des parents ? demanda Honoré qui poursuivait son idée, sans se laisser distraire par la conversation de Toupinet que le vin rendait bavard.

— Pas même un oncle ! le vieux Vent-Debout et maître Audoche, mes patrons, je ne connais que ça. Il paraît que je criais comme un perdu un soir au bord de la mer quand de braves gens m'amenèrent à Brignoles ; maître Andoche me prit à son service et je m'y trouve bien.

— Tu aimes beaucoup Andoche ?

— Lui et le vieux, pas d'autre.

— Et si tu pouvais faire un grand plaisir à ton maître...

— J'irais de mon pied jusqu'à Toulon.

— Il faut moins que cela, mon garçon... tu me plais, tu es un bon enfant, reconnaissant et honnête... trinquons ensemble comme deux amis.

— Vous me faites bien de l'honneur, monsieur, dit Toupinet en vidant lestement le vin versé par Honoré.

Mais cette fois il le remit avec peine sur la table, partit d'un éclat de rire et prit la bouteille pour se servir lui-même ; le fils du négociant lui arrêta le bras, il voyait arriver l'ivresse.

— Tout-à-l'heure, dit-il. Tu dois avoir compris qu'il se passe dans l'esprit d'Andoche quelque chose de sérieux... Réfléchis bien à mes paroles, Toupinet, et tâche de te souvenir... Il est survenu quelque chose dans la vie de ton maître.

— Je ne sais point, dit l'enfant.

— Andoche a reçu des visites ?

— Ah ! oui, l'abbé Denis et un autre prêtre...

— Sais-tu le nom de cet autre prêtre ?

— Non, il a l'air très-bon, et maître Andoche lui parlait avec grand respect... Tenez, ils sont venus juste le jour de votre dernière visite.

— Après moi ?

— Non, avant.

— Tu ne les as point revus ?

— Non, mais la sœur de charité est restée.

Le danger commençait à prendre pour Honoré une forme précise, il reprit :

— Depuis ce jour-là qu'a fait ton maître ?

— Il a causé avec la sœur de charité, et soigné Vent-Debout.

— Il n'a pas écrit ?

— Si, deux lettres.

— Ah ! deux lettres, si ton maître n'est pas sorti, il t'a donc chargé de les porter toi-même ?

— Ah mais, il me semble que vous êtes trop curieux ! dit Toupinet qui éprouva une vague inquiétude.

— Ne t'inquiète donc pas... vide ce verre, et parle en toute confiance, il s'agit du bonheur d'Andoche et du tien... ces louis d'or sont pour toi ! dix, quinze ! es-tu sûr maintenant que je veux ton bien et ton bonheur ?...

— Quinze louis! deux lettres! c'est ça, Andoche a écrit deux lettres... je vous ai donné la vôtre...

— Mais l'autre, l'autre? à qui l'as-tu remise?

— A un vilain homme, et je l'ai portée dans un vilain endroit. Hou! ça fait froid d'y penser... Mais je me jetterais dans le feu pour M. Andoche... Vous connaissez le port, pas vrai, et vous avez vu les galères?...

— Eh bien? demanda Honoré en secouant le bras de l'enfant.

— Eh bien! ah çà mais, vous me faites mal, vous!.. et puis je suis las! et votre bouteille est vide... quinze louis... Ah! j'ai retenu son nom au gardien, tout de même! On dirait un bouledogue avec un uniforme et un trousseau de clefs... Pater-Mute! drôle de père! tout de même!

— Tu as porté une lettre à bord d'une galère, petit? reprit doucement Honoré, c'est tout ce que je voulais savoir, et tu l'as remise au père...

— Au père Mute, Pater-Mute qu'on dit là-bas, c'est peut-être un titre qu'on lui donne, à l'argousin! Tout de même vous m'assurez que c'est pour le bonheur de M. Andoche, ce que vous me faites dire... Ah! j'ai la route dans les mollets, c'est fini... et puis le vin est trop bon!

Toupinet détira ses bras, les croisa sur la table, laissa tomber sa tête et s'endormit.

Honoré Rameau appela l'aubergiste.

— Vous avez bien lui dit-il une carriole, un chariot de libre : il faut ramener cet enfant à Brignoles ; voici une pistole, vous le recommanderez au conducteur.

Honoré enveloppa les quinze louis dans le mouchoir de l'enfant, le fourra dans sa poche, et dit :

— Les nouvelles valent bien cela !

Un moment après le domestique de l'hôte ayant attelé une charrette enleva dans ses bras Toupinet endormi, le plaça sur une botte de paille, et prit en sifflant le chemin du village où demeurait le mercier.

Honoré était maintenant sur la voie, et il ne lui fut pas difficile de deviner le plan conçu par Andoche. Lors de l'entrevue du fils Rameau et de l'ancien serviteur, Andoche ébloui par la promesse de vingt mille livres ne faisait nulle difficulté de céder le papier. Un événement inattendu s'était passé entre la première et la seconde visite d'Honoré. L'abbé Denis avait-il réussi à éveiller le remords dans l'esprit d'Andoche ; le compagnon du curé de Brignoles possédait-il quelque influence sur l'ancien domestique ? La sœur de charité, dénomination nouvelle, mais cependant menaçante, gouvernait-elle la maison sous prétexte de soigner

Vent-Debout. Ce dont il ne fallait plus douter, c'est qu'Andoche conservait ce papier compromettant afin de le remettre à Rémy Ciotat. Peut-être même le lui avait-il adressé dans la lettre portée au bagne par Toupinet, et remise au numéro 2918. Cependant une lettre court bien des risques d'être perdue avant d'arriver à sa destination; et, une fois même entre les mains d'un gardien, qui pouvait affirmer qu'elle serait donnée au condamné? Non! La lettre renfermait un avertissement pur et simple. Elle promettait sans doute à Rémy la preuve de son innocence; il s'agissait d'empêcher Andoche de tenir sa parole. Pour arriver à ce but, Honoré devait surveiller à la fois la maison de Brignoles et les galères. Il était déjà renseigné par Toupinet, et, grâce au nom bizarre de l'argousin, il saurait laquelle des galères renfermait Rémy. Honoré avait de l'argent, une volonté énergique; il était résolu à dérober à Andoche la preuve de son infamie, il devint rusé, infatigable; jamais espion ne fit plus consciencieusement son métier; jamais agent ne suivit mieux une piste, qu'il ne fit relativement à tout ce qui se passait chez le mercier de Brignoles.

Rentré chez son patron, quand l'enfant s'éveilla du lourd sommeil de l'ivresse, il gardait la conscience vague d'avoir trahi un secret. Les quinze louis retrouvés dans sa poche confirmèrent cette idée. Il eut honte il eut peur. Il alla enfouir son argent dans le jardin, et se promit de ne plus faire de commission chez un homme qui avait un vin si capiteux ; mais Honoré chercha Toupinet, le rencontra, l'effraya en lui rappelant ses indiscrétions passées, et domina de telle sorte le petit malheureux que, sans être cependant méchant Toupinet devint l'espion de son maître. Sûr de connaître tout ce qui se passerait d'important dans la maison du mercier, Honoré Rameau se chargea tout seul de surveiller la galère de Pa-Thermute. Jour et nuit il resta sur le port, flânant, causant, tantôt sous un costume, tantôt sous un autre ; et, pendant sa troisième veille il vit un homme descendre de la galère dans le canot et aborder. Cet homme, il l'aurait reconnu entre mille, c'était Rémy Ciotat. Le forçat s'était évadé. Honoré songea à courir à lui, à l'arrêter violemment, à prévenir la force armée, à le faire réintégrer sur son banc de torture ; mais il réfléchit que cette capture ferait du bruit. On prononcerait son nom, Rémy montrerait la lettre d'Audoche, lettre devant renfermer des indications et des conseils, et le serviteur de Jean Rameau présenterait alors à la justice ce fatal papier qu'il voulait ravoir à tout prix.

Le plus simple, le plus sûr était donc de s'attacher

aux pas de Rémy, sans qu'il fût possible à celui-ci de s'apercevoir qu'on l'espionnait. Honoré ne craignait pas d'être reconnu. Il portait un ample vêtement de roulier à larges et voyantes rayures. Ses cheveux étaient retenus dans un mouchoir à carreaux bleus et rouges, et un chapeau rabattu sur les yeux empêchait de distinguer son visage.

Rémy Ciotat ne connaissait pas Marseille. Il éprouvait le besoin instinctif de quitter la ville, dût-il se tromper de route, et se fatiguer inutilement. Le hasard le servit. Au matin, il accosta le premier voyageur qu'il rencontra, il lui demanda un renseignement qui lui fut donné d'un air de bonne humeur, et il continua à marcher, malgré la souffrance que lui faisaient éprouver ses pieds endoloris. La lettre d'Andoche à Rémy était à la fois vague et précise. Elle ne portait aucune signature ; évidemment celui qui possédait la preuve de l'innocence du jeune homme acquittait tardivement un devoir de conscience et ne voulait pas être connu. Mais les détails sur le chemin à suivre, sur les étapes à faire étaient soigneusement indiqués. Le rendez-vous donné était dans les gorges d'Ollioules, endroit désert et sauvage où l'on pouvait commettre en plein jour le vol et l'assassinat sans craindre d'être vu ou saisi. On enjoignait à Rémy d'entrer dans le cabaret situé au commencement des gorges, et de remarquer si, près de la cheminée, l'on n'avait pas marqué à la craie une grande croix blanche. Au cas où cette croix serait tracée, il poursuivrait son chemin le long des gorges, et, arrivé à la *maison du Berger*, il gravirait les blocs de calcaire, et à moitié de la haute muraille granitique il lèverait une pierre de forme carrée, et prendrait le papier que l'on aurait à l'avance placé dessous. Si le papier ne se trouvait pas sous la pierre, il monterait jusqu'à la maison, y entrerait, et debout, près de la fenêtre, attendrait qu'un homme parût, agitât un papier, et le mît enfin sous le bloc désigné très-facile à reconnaître. Il descendrait après avoir vu disparaître le porteur du message, et une fois en possession du papier il prouverait à tous son innocence.

Rémy marchait donc soutenu par l'espérance de son prochain bonheur. Quand il vit la nature changer d'aspect, qu'au loin se dressèrent ces blocs de calcaire semblables à deux gigantesques falaises subitement rapprochées, et ne laissant entre elles que l'espace étroit d'un sentier, il sentit son cœur battre à se rompre. Ce désert, ces rochers, ce paysage aride, se transforma à son regard. Chaque pas le rapprochait du but. Il ne tarda pas à apercevoir un gros bouquet d'immortelles suspendu au toit d'une pauvre maison. L'immortelle, qui fait aujourd'hui la fortune du village d'Ollioules, était la seule fleur poussant entre les roches de la gorge. Le cabaret, de même que toutes les maisons disséminées en cet endroit, était, non point bâti, mais creusé. La falaise avait été éventrée, et l'on avait trouvé moyen de former deux salles exiguës. La fumée montait par un trou ménagé dans le calcaire, deux fenêtres étroites s'ouvraient sur la gorge ; et pour arriver au cabaret, on devait escalader un escalier naturel formé par les couches brisées de la pierre.

On l'appelait le *Cabaret du Roi*, en souvenir de la halte qu'y avait faite Charles IX.

Rémy gravit la rampe étroite, poussa la porte et entra dans la salle commune.

Deux hommes d'assez mauvaise mine buvaient dans un angle en causant à voix basse ; l'aubergiste s'occupait à faire des entailles à une baguette, moyen naïf, mais suffisant, pour établir le compte des bouteilles de vin bues par ses pratiques. Comme il faisait libéralement crédit, on ne le chicanait jamais sur le nombre des entailles, et s'il en ajoutait une ou deux au moment où le consommateur en retard se décidait à payer, il ne prenait réellement que l'intérêt de son argent à un taux commercial.

En pénétrant dans la salle de l'auberge, le premier regard de Rémy se dirigea du côté de la cheminée. Un rayon de soleil jouant sur les pierres noircies fit briller subitement la croix blanche nouvellement tracée à la craie. Si le jeune homme avait eu une minute de doute, cette preuve l'aurait convaincu. On l'attendait, on veillait, il serait dans une heure libre, réhabilité, sauvé! Comme il avait hâte de courir à l'endroit indiqué par la lettre mystérieuse! Cependant il sut maîtriser son impatience; et s'avançant vers le cabaretier :

— Un peu de pain, dit-il, du vin et du fromage de chèvre.

Ce frugal repas fut immédiatement servi.

Rémy avait faim, la fatigue l'épuisait, il mangeait de bon appétit, quand un nouveau consommateur fit son entrée.

C'était un roulier, à en juger par son costume.

Il s'assit en face de Rémy Ciotat, demanda un verre de l'eau-de-vie, et s'accouda sur la table.

Rémy ne le remarqua point; il continuait à dévorer son pain et son fromage. Il avait une question à adresser au cabaretier, et cette question si indifférente en apparence, touchait pour lui à des intérêts si graves, qu'il hésitait à la faire. Enfin il se décida, et d'une voix qu'il s'efforçait d'affermir :

— Pourriez-vous m'indiquer ou est la *maison du Berger*, demanda-t-il ?

— Est-ce que vous avez envie de vous faire jeter un sort ? répondit l'aubergiste en riant. Cette maison-là est un logis en mauvais renom ; mais il n'empêche, les jeunes gens ont parfois comme cela des amourettes en tête, et l'on dit que le sorcier possède des charmes...

— Vrai ? dit Rémy qui était bien aise de donner le change.

— Ça se dit dans le pays... Je ne crois pas que vous le trouviez à cette heure, le vieux sournois ; le jour il cherche des cailloux et la nuit il cueille des plantes, quand la lune est dans son croissant...

— Et il demeure ?

— Pas loin d'ici ; au-dessus de sa maison, plantés dans la roche comme des panaches, vous verrez trois tamarins...

— Merci, répondit Rémy.

En ce moment le roulier se leva, jeta une pièce d'argent sur la table et sortit.

— Il paye bien, mais il n'est pas poli, le roulier, dit l'aubergiste en faisant tomber l'argent dans son tiroir.

Le faux roulier descendit rapidement l'escalier de roche.

— Bien, pensait Honoré, je sais maintenant que le rendez-vous est à la maison du berger. L'homme qui doit remettre cette pièce à Rémy sera venu seul sans aucun doute. J'arrive le premier, j'exige, au besoin je vole le papier, je l'emporte, et cette fois, oh! cette fois bien habile sera celui qui pourra m'arracher une signature de ce genre! Depuis huit ans, la pensée de cette misérable signature me poursuit, chaque lettre que je recevais me semblait devoir rappeler son existence; si j'avais épousé ma fiancée avant de l'avoir reprise, je me serais attendu à voir ce papier posé sur mon contrat de mariage... Qui vais-je trouver à ce rendez-vous? Andoche! oh! malheur à lui, alors, car je ne me laisserais point abuser par des promesses... Je pourrais corrompre un autre homme à prix d'or, mais lui! lui! quelle quittance lui donner...

Honoré Rameau sentait monter la sueur à son front. Il marchait rapidement, il avait hâte d'arriver, de ressaisir son gage avant que la présence de Rémy vînt compliquer cette situation.

Il ne tarda pas à voir la cime des tamarins; et, du milieu de leur feuillage léger, il crut voir se détacher une masse noire. Un homme descendit en effet par une route impraticable à tout autre, jeta un regard dans la maison déserte, descendit ensuite presque au niveau de la route, souleva une lourde pierre, la mit de côté, fouilla dans une poche intérieure de son vêtement, en tira un papier, le mit à la place qu'occupait la pierre, et la reposa ensuite de façon qu'il devenait impossible de croire qu'elle avait été dérangée. Cela fait, il se pencha un peu en avant, cherchant des yeux celui qu'il attendait, puis il remonta l'escalier de calcaire et disparut.

Honoré presse le pas, il arrive; d'un mouvement rapide il dérange la pierre, saisit le papier et le place dans sa poitrine, boutonne ses vêtements et s'éloigne. Mais deux bras vigoureux le saisirent en arrière, il chancelle un moment, s'affermit sur ses pieds, fouille rapidement dans une ceinture de cuir, se retourne et se trouve visage à visage avec Andoche.

Les deux hommes ne se disent rien; le feu jaillit de leurs prunelles; Andoche est sans armes, mais il a des bras vigoureux, et capables de contenir Honoré. Tous ses efforts tendent à l'enlever de terre, et à le renverser sur la route. Alors, sûr de maintenir le misérable, il lui reprendra la preuve de son crime et pourra la rendre à Rémy; mais Andoche ne connaît pas encore Honoré, il ignore de quoi est capable celui qui veut rentrer en possession de lui-même et anéantir la preuve d'une infamie. Au moment où Andoche rassemble toutes ses forces, étreint le corps d'Honoré et va parvenir à lui faire abandonner le sol, ses mains se détachent brusquement, battent l'air d'une façon désespérée, et il tombe de toute sa hauteur sur l'étroit chemin des gorges d'Ollioules.

Honoré l'a frappé en pleine poitrine.

L'assassin s'enfuit à travers les gorges.

A cet instant arrive Rémy Ciotat.

Il reconnaît les tamarins, cherche la pierre des yeux ; et ses regards épouvantés aperçoivent un homme étendu sur le sol, et nageant dans son sang.

Il s'agenouille près de lui et pousse un cri de stupeur en reconnaissant Andoche.

Celui-ci se ranime un peu, son geste désespéré désigne à Rémy une forme lointaine.

— Par là ! par là ! dit-il d'une voix affaiblie. Il a volé la preuve...

— Malheur sur moi ! dit Rémy d'une voix brisée.

— Cours ! ajoute le moribond.

— Vous abandonner... je ne puis... d'ailleurs, le rejoindrai-je !

— Laissez-moi, ajoute Andoche, la preuve... reprenez la preuve !..

— Mais s'il m'échappe... Andoche, Andoche ! le

nom de cet homme pour que plus tard je le retrouve...

L'agonisant fit un effort suprême :

— Cet homme, dit-il, c'est...

Andoche ne put achever et perdit connaissance.

X

LE GALÉRIEN

Les hommes enfermés dans la *vague* ne se rendirent pas un compte bien exact de ce qui se passa pendant la fin de la soirée où le visiteur qu'ils crurent parti les laissa abandonnés à leurs réflexions. L'absence de Rémy ne se prolongea pas beaucoup. Ils s'attendaient si peu à ce qui venait de s'accomplir, qu'entendant fixer au banc la chaîne du galérien volontaire, ils crurent simplement que Rémy regagnait sa place. La nuit était complète dans leur obscure prison. La lame battait avec des bruits plaintifs les flancs de la galère et lui imprimaient un mouvement lent. Le calme avait remplacé la colère dans l'esprit et dans le cœur des galériens. Les paroles de l'inconnu leur revenaient à la mémoire; ils attendaient l'effet de ses paroles. Il ne leur paraissait pas probable qu'un tel homme pût les tromper. Ils l'avaient vu à peine, mais le son de sa voix était de ceux qui portent la conviction. La douceur l'attendrit, la charité le pénètre, quelque chose de puissant y vibre. Tous dormirent cette nuit là, même le malheureux qui savait de quelle mort horrible il mourrait quelques jours après.

Quant au nouveau galérien, qui peut dire ce qui se passa dans cette âme d'ange brûlante d'amour pour les souffrants, avide de porter la croix à leur place, crucifié sur le même Calvaire que son Dieu!

En compensation de sacrifices pareils à celui que nous racontons, il doit exister des consolations ineffables. Ces martyrs qui se sont faits leurs propres bourreaux doivent être véritablement visités par les esprits célestes. Dans la nuit, ils aperçoivent leur âme comme si cette âme leur était étrangère, et ils jouissent d'une inconcevable félicité en voyant combien elle se rapproche de son divin modèle, et combien chaque acte de patience, de vertu, d'héroïsme, ajoute à sa ressemblance avec *l'Homme de douleurs*.

Pour ces êtres privilégiés, dont le nom devient plus tard un drapeau, dont chaque battement de cœur enfante une œuvre, l'immolation a des mystères de joie, des plénitudes d'extase. Leur amour pour les hommes, amour dévorant et sublime envoyé comme une louange vers le principe même de l'amour, leur est rendu en bénédictions ineffables. Leur humanité souffre encore, leur corps pâtit, leur enveloppe mortelle souffre et gémit comme celle de leurs frères, mais ils gardent au-dedans d'eux-mêmes *ce que Dieu réserve à ceux qui l'aiment.* Le numéro 2918, le remplaçant de Rémy, dormit donc aussi paisiblement sur le banc de la galère surveillée par Pa-Thermute, que sur les dalles de la pauvre maison des prêtres de Saint-Lazare, ou dans les splendides appartements de Philippe-Emmanuel de Gondi, comte de Joigny, frère de monseigneur de François de Gondi, évêque de Paris.

Certes, si un homme pouvait comprendre le désespoir du malheureux Rémy, c'était bien celui qui venait de prendre sa place. Lui-même avait bu la lie de l'humiliation, et appris ce que c'est qu'une accusation mensongère. Ce héros, ce saint, ce génie de la bonté, avait pendant sept années subi un soupçon injuste. Il connaissait l'homme coupable du crime qu'on lui imputait; il lui eût été facile de le dénoncer, il ne le fit point, et s'en remit à Dieu du soin de cacher ou de révéler son innocence. Il habitait alors un petit village situé dans les Landes, et faisant partie du district au parlement de Bordeaux, et logeait chez un juge; ce magistrat fut volé d'une somme de 4,000 écus, et l'humble prêtre fut accusé de ce détournement. L'épreuve fut longue; il se complut dans le mépris dont il était l'objet. De même que le Christ, prévenu d'avoir soulevé le peuple et de propager de mauvaises doctrines, gardait le silence devant ses accusateurs, le prêtre se tut et courba la tête. Quand il se vit sur les galères de Marseille, portant les fers de Rémy Ciotat, ce souvenir de sa jeunesse lui revint, et il se demanda s'il ne devait point passer tour à tour par tous les esclavages et tous les jougs : celui de l'opinion qui, pendant sept années l'avait tenu pour flétri, celui du *Témat* de Tunis où il avait failli succomber aux mauvais traitements d'Ahmed-le-Renégat, celui de Pa Thermute sous lequel il venait de se ranger. Et comme sa volonté s'anéantissait et mourait en lui, perdue qu'elle était dans la volonté du Père céleste, il sourit en s'endormant.

Le matin la rude voix de l'argousin et le son d'une cloche réveillèrent les forçats. Le numéro 2918 ne fut pas le dernier levé. Alors seulement ses compagnons de chaîne s'aperçurent de la substitution qui avait été faite. Ils ne comprirent pas complétement la vérité, mais ils la soupçonnèrent assez pour que l'influence de l'inconnu sur eux continuât de grandir. Ils se rendirent aux travaux du port, remplirent leur tâche sans murmure, et semblaient préoccupés d'une seule chose, de définir la situation de celui dont ils n'approchaient qu'avec respect. La confiance qu'il leur avait inspiré la veille s'augmenta; le soir, rentrés dans la *vague*, l'un d'eux exprima le désir de tous, en disant au nouveau galérien :

— Parlez-nous encore ! parlez-nous comme hier !

Et le forçat leur adressa de sa voix sympathique et douce des consolations et des conseils. Il les reprenait de leurs fautes, il leur en montrait les suites, leur faisait comprendre que la justice avait eu raison de les punir. Puis, quand il les voyait abattus, humiliés, vaincus, il relevait leur courage ; il rendait à ces hommes flétris leur titre de chrétiens, il leur prouvait par sa compassion que leur sort pouvait encore attendrir. Les forçats s'accoutumèrent à ces entretiens. Si on les menaçait des vengeances célestes qui atteignent le coupable endurci, on les encourageait au repentir, en exaltant la miséricorde divine. La religion se faisait pour eux une mère si tendre qu'ils aspiraient au moment de se jeter dans ses bras. Le galérien les encourageait pendant les heures qu'ils devaient passer dans la *vague* ; le jour, tant que duraient les travaux du port, il se multipliait pour porter le fardeau des moins robustes. Il se privait de son repas du matin pour apaiser la faim de l'un de ses compagnons ; il pensait la jambe blessée d'un autre. Au bout de quelques jours Pa-Thermute ne reconnaissait plus ceux que le bâton suffisait à peine à diriger jadis. Une rude épreuve était réservée au numéro 2918 ; la situation actuelle de l'homme qui de curieux visiteur du bagne était devenu galérien, lui interdisait de faire usage du parchemin mystérieux que par deux fois déjà il avait présenté à Pa-Thermute. D'ailleurs, au roi seul appartenait le droit de faire grâce, et il était impossible en huit jours, et du fond de sa prison sous-marine que l'inconnu envoyât, un courrier à Paris. Nous l'avons dit, la justice était sommaire sur les galères, et l'expiation suivait de près le crime. Le malheureux qui, dans un moment de surexcitation et de colère leva ses chaînes pour frapper l'argousin en chef, était condamné à être rompu vif. Mais si les exécutions se faisaient rapidement, elles se faisaient aussi avec un appareil terrible. Il fallait épouvanter les malheureux par un tableau dont le souvenir ne s'effaçât pas. Les jours marqués pour des exécutions on les arrachait de la *vague*, et agenouillés sur le pont, entourés de soldats armés de mousquets, de marins tenant des sabres d'abordage, et sachant que les canons étaient chargés de mitraille jusqu'à la gueule, ils assistaient au supplice de leur compagnon, muets, terrifiés, immobiles. Le malheureux qui devait périr sur la roue savait par avance qu'il n'avait rien à attendre des hommes; pendant les quatre premiers jours qui suivirent sa sommaire condamnation, il se montra paisible et résigné, mais l'amour de la conservation reprit le dessus, l'instinct l'emporta sur la volonté. Il s'était promis de mourir bravement, et il sentait la peur l'étreindre et le cœur lui manquer. S'il ne s'était agi que d'être pendu haut et court à une vergue, il se serait soumis plus vite à cette loi mortelle, mais il se représentait la croix de madriers, la barre de fer qui briserait ses os, la roue sur laquelle il serait exposé aux ardeurs du soleil. Ce supplice l'effrayait. Sa chair avait peur. Il ne cessait de gémir ou de crier qu'il ne voulait pas mourir ! Son désespoir consternait ses camarades; presque tous éprouvaient une grande pitié pour le malheureux.

Pa-Thermute, qui n'était pas aisément ému, se sentit troublé. Il avait vu plus d'une fois le bourreau à l'œuvre, mais jamais aucun forçat ne s'était révolté comme le faisait Randal. Certes les soldats ne manqueraient pas pour le porter enchaîné sur l'instrument de supplice, mais Pa-Thermute redoutait que cet horrible spectacle excitât une nouvelle révolte. Sans doute, on pouvait décimer, anéantir les mutins, mais le roi tenait aux rameurs de ses galères ; le nombre n'en était jamais suffisant. La guerre recommençait avec les Turcs, sans nul doute une croisière serait faite, et ce n'était pas le moment de se priver de galériens.

Aussi Pa-Thermute, voyant que sa douceur ne gagnait rien sur l'esprit de Randal, alla-t-il, la veille de l'exécution, détacher le numéro 2918 de son banc, pour l'amener auprès du condamné.

En le voyant s'avancer, Randal comprit qu'on voulait le vaincre.

— C'est inutile, ne me parlez pas de me résigner, dit-il, je ne veux pas mourir... la mort est horrible ! et surtout celle que l'on prépare pour moi... N'ai-je pas expié par de lentes tortures un égarement d'une heure... Braconnier, je chassais les faisans du roi... un garde me surprend, me menace d'un procès; la peur me saisit, la colère m'aveugle... je tire... la balle tue un homme ! Je ne comptais pas finir par un meurtre; ce fut un malheur autant qu'une faute... J'ai regretté, puis à force de souffrir je me suis endurci... Il y a huit jours, quand j'ai levé la main sur l'argousin, j'étais ivre de rage... Sa blessure est légère... On ne peut me condamner à mort pour avoir levé les mains sur un homme si cruel pour des malheureux... Je ne veux pas mourir, je ne mourrai pas... Je me révolterai, si les autres criaient, se défendaient, on ne se montrerait peut-être pas si cruel... On a besoin de nous, enfin ! et sans les galériens le roi manquerait de bras... Penser que dans quelques heures on me traînera sur le pont, on m'attachera à une croix... ah ! cela est horrible !

— Horrible ! répéta le numéro 2918, en tirant un crucifix de sa poitrine... si horrible que nous adorons à deux genoux le Fils de Dieu qui endura ce supplice pour l'amour des hommes !

Alors le forçat, dont toute la mission semblait être de consoler, rapprocha de lui l'homme défaillant. Il lui parla cœur à cœur, il le plaignit, il pleura ! il eût voulu pouvoir être mis à sa place sur la roue, comme il avait pu prendre les fers de Rémy. Il fit appel aux souvenirs d'enfance de Randal, il chercha au fond de son âme quelle fibre tendre y pouvait vibrer. Hélas ! elles s'étaient toutes brisées.

Randal, condamné à quinze ans de galère pour braconnage, apprit successivement que ses enfants étaient morts de misère, et que sa femme avait roulé au fond de l'abîme de la dégradation. S'il quittait le bagne, il ne trouverait que des tombes et une maison plus sinistre que les tombeaux. Rien ne battait plus dans cette poitrine qui s'était gonflée jadis sous les émotions les plus douces. Randal avait pris la société en haine. Il détestait les prêtres, il maudissait les juges; quand il avait cru qu'il verrait luire le jour de sa liberté, il s'était dit qu'il en profiterait pour assassiner le gentilhomme dans la forêt duquel il avait tué le faisan. Ce gentilhomme, qui n'habitait jamais ses terres, ignorait complétement le délit et la condamnation du malheureux. Un garde-chasse avait causé tout le malheur.

En vain le numéro 2918 s'efforçait-il de le calmer. Randal puisait dans sa douceur persistante une sorte d'aliment à sa colère et à son désespoir sauvage. Et comme le remplaçant de Rémy s'efforçait de tourner sa pensée vers les choses du ciel :

— Personne que vous ne viendra me les rappeler, dit-il d'une voix rude.

— Qu'importe si je suffis.

— Non, vous ne suffirez pas. Vous êtes un bon homme, un homme excellent; je ne sais pourquoi vous avez pris la place d'un autre, il y a là-dessous un dévouement dont la cause m'échappe... mais vous n'avez pas le pouvoir de me rapprocher de Dieu si je me repentais... Du reste, je ne me repentirai pas. De quoi aurais-je regret ? ma femme est perdue, mes enfants sont morts... J'ai voulu tuer un argousin, mais les argousins sont des bourreaux... Tenez, j'aurais compris que la société nous chasse, que la loi nous châtie, mais il y a une chose que je ne comprends pas : j'aurais voulu que sans cesse, auprès de nous, il se fût trouvé des prêtres pour nous consoler.

— S'il en venait un...

— Sans doute il ne gagnerait rien sur moi, mais avant de mourir, on aime à s'entendre dire une bonne parole par un honnête homme.

— Vous verrez un prêtre, Randal.

— Je serai rompu demain !

— Cette nuit, cette nuit même vous le verrez, vous dis-je.

Le remplaçant de Rémy s'assit auprès du condamné; longtemps il s'épuisa en inutiles efforts pour vaincre cette nature rebelle, il ne parvint pas à en triompher. Au matin on entendit un grand bruit sur le pont ; les soldats étaient sous les armes, les matelots se rangèrent en deux files ; Pa-Thermute descendit dans la *vague*, et sa présence, l'expression de sa physionomie en dirent plus que ne l'auraient pu faire des paroles.

Randal se dressa sur ses pieds enchaînés, et s'adressant au numéro 2918 :

— Vous m'avez trompé, dit-il, trompé comme les autres, un seul homme ne manquera pas à son devoir : le bourreau.

— Et le prêtre ! murmura le forçat inconnu d'une voix douce.

Pa-Thermute enleva la chaîne passée dans les anneaux qui liaient les condamnés à leurs bancs, et les fit gravir l'étroit escalier.

Celui qui allait mourir, et le compagnon qui ne l'avait pas quitté, demeurèrent seuls dans la *vague*.

— Mon frère, dit celui-ci d'une voix grave, dans quelques instants la torture brisera vos membres... Il vous faut une force intérieure pour subir cette expiation... cette force, le repentir peut vous la donner... Si les larmes que je verse sur vous suffisaient pour vous rendre l'innocence, si je pouvais mourir à votre place... mais ce que je puis, ce que je veux, c'est rendre au malheureux flétri une joie d'avenir, une espérance sacrée... c'est dire au père : Vous retrouverez dans le ciel les anges que la misère a tués loin de vous... c'est dire au forçat : Si la mort est affreuse, cette mort vous délivre... A genoux, Randal, mes mains enchaînées ont le pouvoir d'absoudre...

Je vous ai promis un prêtre à votre heure suprême, et depuis huit jours ce prêtre ne vous a pas quitté.

— Vous! s'écria Randal qui croyait faire un rêve.

— Moi, mon frère! Et si vous aviez été capable de résister aux instances d'un de mes condisciples, si vous vous étiez révolté contre l'humiliation d'avouer vos fautes à un prêtre étranger venu ici pour remplir son mandat, vous ne me refuserez rien à moi! à moi votre ami, moi qui, après vous avoir entendu, vous dirai au nom du Sauveur que vos péchés vous sont remis, moi qui monterai avec vous cet escalier, qui m'agenouillerai près de votre croix avec la compassion que j'aurais eue au pied du Calvaire, moi qui resterai debout proche de la roue, pour vous dire jusqu'à la dernière minute : — Le Seigneur est le Dieu des miséricordes, le Christ vous pardonne et vous attend.

Randal tomba en sanglotant aux pieds de son compagnon. Son âme se fondit, se brisa, s'anéantit. Au bout d'une heure, pendant laquelle le pénitent et le confesseur continuèrent l'entretien sublime que les anges écoutent, Pa-Thermute reparut. Randal se leva.

Il était pâle, mais calme.

Appuyé sur son compagnon, il gravit l'escalier. Sur

le pont deux solives de chêne étaient étendues; des cordes se trouvaient à chaque extrémité de cet X redoutable. Un léger frisson parcourut le corps de Randal; il serra la main du numéro 2918, et s'avança vers le bourreau. Il aida lui-même à sa funèbre toilette et s'étendit sur la croix de saint André. Ses yeux se fermèrent, l'humanité repoussait la souffrance. Un coup sourd retentit. La barre de fer du bourreau lui avait brisé un bras. Randal entendit pleurer à côté de lui. Cette douleur lui donna du courage, il ne poussa qu'un faible cri quand l'instrument de supplice, après avoir broyé ses membres, s'abattit sur sa poitrine. Alors on l'enleva de la croix et on le plaça sur la roue. Il chercha d'un œil éteint celui qui l'avait soutenu par sa présence et ses prières, et le voyant tout près de lui :

— Votre nom, demanda-t-il; dites-moi votre nom !

— Vincent, répondit le forçat.

— Priez pour moi et remettez mon âme entre les mains de Dieu.

Vincent posa un baiser de paix sur le front du moribond, leva les doigts, fit un signe mystérieux et le supplicié rendit le dernier soupir.

Pendant le reste du jour les condamnés demeurèrent dans la *vague*, on ne leur permit point d'aider aux travaux du port.

Les jours se passaient ; le n° 2918 continuait son œuvre.

Pa-Thermute ne cessait de manifester son admiration pour les progrès qu'il réalisait ; mais en même temps, quand sa pensée se reportait sur Rémy, il ne pouvait s'empêcher de dire en secouant la tête :

— Il ne reviendra pas !

— Vous vous trompez, Pa-Thermute, il reviendra.

L'argousin ne croyait pas assez à la bonne foi et à la reconnaissance des hommes pour s'imaginer que le jeune homme rendu libre par un trait d'héroïsme viendrait jamais redemander ses fers. Les jours, les semaines, les mois se passèrent en effet, et Rémy ne reparaissait pas.

Qui l'avait retenu ? quels obstacles s'étaient à chaque pas dressés sur sa route ? Lorsqu'il s'aperçut qu'Andoche avait perdu le sentiment de l'existence, il s'oublia pour songer à celui qui avait tenté de le sauver. Il allait regagner le *cabaret du Roi*, quand il entendit pousser au-dessus de lui un cri d'effroi et de surprise. Il lève la tête et voit un vieillard sordidement vêtu, tenant à la main des herbes et des pierres. Rémy lui fait un signe de détresse ; en deux sauts le vieillard est près de lui. Rémy devine que cet homme étrange est le berger; il lui raconte ce qu'il peut de l'événement, le supplie de sauver Andoche, lui demande s'il a vu le roulier, assassin du malheureux. Et le berger lui désigne les gorges.

— Il a couru beaucoup, puis il s'est arrêté, hagard, essoufflé, courez, vous pouvez l'atteindre. Quant à celui-ci, il ne quittera que guéri la maison du berger.

Rémy s'élance alors dans les gorges d'Ollioules; il a retrouvé toute la vigueur de la jeunesse; il faut qu'il rejoigne Honoré, qu'il lui arrache le papier, qu'il le traîne, s'il le faut, devant un tribunal. Il l'aperçoit debout sur un bloc de calcaire, épiant si on le poursuit. Rémy gravit la falaise à pic, mais le roulier a disparu, et la vaste limousine indique seule la place où il se trouvait. La nuit survient, les forces de Rémy s'épuisent, la route qu'il suit le conduit du côté opposé à Cette, et sans nul doute Honoré Rameau sera forcé d'y revenir.

Rémy descendait dans une grotte des gorges, et comme il se trouvait à l'extrémité d'Ollioules, et qu'il aperçut un paysan conduisant une charrette, il lui demanda à monter dans sa voiture pour une somme modique. Le paysan accepta. Il retournait à Marseille. Rémy se promettait de fouiller cette ville pour plusieurs raisons; d'abord il voulait tenter d'y trouver Honoré, qui y avait logé, puisqu'il se trouvait sur le pont le soir où Pa-Thermute aida à son évasion, ensuite afin d'y chercher sa mère et Paulin dont il ignorait l'adresse. Pour courir moins le risque d'être reconnu, il jeta sur ses vêtements la limousine de Rameau; le soir, comme il entrait dans Marseille, un enfant le tira par le bord de ce vêtement et lui dit:

— Monsieur Honoré!...

— Que veux-tu? lui demanda Rémy qui comprit que le fils du négociant avait des complices.

— Il y a du nouveau à Brignoles, dit Toupinet.

— Quoi? parle!

— Eh bien! maître Andoche a disparu... le vieux père Vent-Debout, qui ne paraissait cependant pas reconnaître son fils, est désespéré. Il ne cesse d'appeler mon maître, de demander le secours de Cartahu; et sans la sœur de charité qui est là, je ne sais point ce que nous deviendrions... Vous savez ce prêtre ami de l'abbé Denis, il n'est pas revenu... Ça doit vous faire plaisir, vous ne l'aimez guère...

— Allons chez moi, dit Rémy à l'enfant, passe devant, tu sais le chemin de mon auberge.

— Je crois bien, répondit Toupinet.

— De cette sorte, pensa Rémy, j'apprendrai où logeait Honoré, et l'on me donnera peut-être quelques détails.

L'enfant franchissait résolûment le seuil de l'auberge, quand Rémy le rappela.

— Décidément, dit-il, il est tard, nous causerons une autre fois... Si Andoche ne revient pas, ne sois point inquiet.

— Lui est-il arrivé malheur? demande Toupinet.

Rémy ne répond rien et congédie l'enfant. Il va au hasard se loger dans une autre maison, se promettant de se renseigner le lendemain. L'argent que lui avait remis généreusement celui qui occupait sa place au bagne ne formait pas une somme élevée; il erra dans les rues, cherchant une auberge d'honnête apparence, mais dont le luxe extérieur n'annonçât point des prix excessifs. Il crut avoir trouvé ce qu'il cherchait et tourna le bouton d'une porte. Une fille rouge et robuste vint lui ouvrir, et un homme à figure placide s'avança.

Mais en fixant un regard sur le nouveau venu, maître Robin Grivot recula de deux pas :

— Ce n'est pas possible! balbutia-t-il; dites-moi que ce n'est pas vous...

Et comme la servante Marioulette s'approchait, Robin Grivot lui cria d'une voix de tonnerre :

— Descends à la cave? et plus vite que ça!

La servante se pressa d'autant moins qu'elle flairait un mystère; mais quand elle eut disparu, Grivot, regardant Rémy en face :

— Je vous ai vu sur le port, n'est-ce pas?

— Je suis le frère de Paulin, répondit Rémy.

— Malheureux! vous vous êtes évadé!

— Quand vous saurez quel motif m'a forcé à quitter le bagne, vous m'approuverez... Ma mère?...

— Votre mère... Eh bien! votre mère, qui parle trop de vous et qui vous aime trop, est sur son lit, toujours... Pauvre femme! elle mourrait de saisissement si elle vous revoyait avant d'avoir été prévenue...

— Et Paulin?

— Il apprend un état. C'est tout jeune, et ça travaille avec un zèle... Ah! mon Dieu! mon Dieu! que venez-vous faire ici?...

— Le hasard m'a ce soir amené chez vous... mais la Providence veille sur les malheureux... elle me réservait la consolation d'embrasser ma mère avant de partir...

— De partir...

— Oh! c'est vrai, vous ne savez rien! Il y a deux jours, je me croyais sûr d'avoir bientôt entre les mains la preuve de mon innocence... Un homme se dévouait pour me la livrer... et hier, on l'a assassiné... Je reviens à Marseille, je connais l'auberge où logeait le coupable, je chercherai, je fouillerai... si je ne découvre rien ici, j'irai jusqu'à Cette...

— A Cette ! on vous reconnaîtra !

— Oh ! soyez tranquille, j'aurai de la prudence.

— Voulez-vous me croire?

— J'ai confiance en vous, parlez...

— Votre mère est la plus malheureuse des mères, cela est vrai ! mais une chose ajouterait encore à son désespoir, ce serait une espérance détruite. Elle ignore votre évasion, cachez-la-lui... Vous croyez tenir une piste, suivez-la... Ne renoncez à vos poursuites qu'à l'heure où vous n'attendrez plus rien... Alors vous la reverrez, si vous le voulez, vous lui expliquerez votre conduite... De la sorte, elle n'éprouvera pas les angoisses qui la tortureraient quand elle se demanderait si vous ne courez point risque d'être arrêté comme forçat en rupture de ban...

— Oh ! ne point la voir ! murmura Rémy ! Être si près d'elle et ne pas recevoir son baiser !...

— Attendez. dit maître Grivot.

L'aubergiste monta l'escalier conduisant chez Juliette.

La pauvre femme dormait. Un repos nécessaire et longtemps attendu lui permettait d'oublier ses souffrances. L'aubergiste poussa un soupir de soulagement, redescendit en étouffant le bruit de ses pas, prit silencieusement la main de Rémy et lui fit signe de marcher avec des précautions infinies. Le jeune homme obéit. Arrivé sur le seuil, l'attendrissement le précipite à genoux. Il tend les bras vers celle qui l'a tant aimé, les larmes inondent son visage, les sanglots gonflent sa poitrine. Il se traîne vers le lit de la malade et mouille de ses larmes la main brûlée de fièvre qui pend sur le drap de toile bise. Un instinct divin éveille l'âme de Julitte. Son corps demeure abattu par une prostration étrange, mais son cœur se ranime et le nom de son fils vient à ses lèvres:

— Rémy! mon Rémy!

Robin Grivot tremble qu'une émotion subite brise ses forces dernières; il se précipite au-devant du jeune homme; mais Julitte continue à revoir son fils en rêve; elle murmure avec l'ivresse de l'amour maternel :

— Rémy! mon cher Rémy!

En ce moment, l'accent provençal de Marioulette s'élève; il est suivi de silence; elle poursuit une conversation à laquelle personne ne semble répondre. Robin Grivot devine que Paulin est entré dans la salle.

La bouche de Rémy effleure le front de Julitte.

— Prie! prie, mère! je reviendrai libre et réhabilité près de toi.

Il suit Grivot docilement, en détournant néanmoins la tête pour revoir encore la mère qu'il a tant pleurée ; et sur la première marche de l'escalier, il trouve Paulin qui se précipite dans ses bras. Étreinte muette, baisers confus, caresses enfantines et ardentes. Rémy écarte les cheveux de Paulin pour mieux voir le brillant regard de l'enfant; Paulin se baisse et fait un geste qui signifie: Tu es donc libre! Alors, en quelques mots, Rémy raconte ce qui s'est passé. Il demande à l'enfant s'il se souvient de l'étranger compatissant, à la bonté de qui ils durent de s'entretenir cœur à cœur sur le port. Paulin n'a pu l'oublier. Eh bien! les secours, les bienfaits de cet homme ne se sont pas bornés à cette preuve de pitié ; sa tendresse fraternelle pour le malheureux Rémy est allée jusqu'à l'héroïsme ; et tandis que le jeune homme court à la poursuite du papier qui doit lui rendre sa bonne renommée, lui, porte les fers du galérien, et répond à son infamant numéro d'ordre.

Paulin n'est pas le seul que ce récit touche jusqu'aux larmes, Robin Grivot ne croit pas amoindrir sa dignité d'aubergiste en se montrant profondément ému. Marioulette, qui est rentrée dans la salle, s'efforce vainement de saisir des lambeaux de la conversation de son maître avec le nouveau voyageur. Chaque fois qu'elle arrive un peu trop près de l'angle de la salle où ils causent les genoux rapprochés, les fronts près des fronts, le maître lui lance un tel coup d'œil que la curieuse finit par en prendre son parti et se contente de demander combien elle mettra de couverts.

— Trois ! répond Grivot. Je veux souper avec Paulin et son frère.

L'auberge ne tarde pas à se remplir. L'hôte et ses amis se retirent dans une chambre voisine. Quand ils ont terminé le repas du soir, animé par les cordiales santés de Robin Grivot, Rémy gagne le cabinet dans lequel est le lit de sangle de son frère, et il s'endort en embrassant les cheveux bouclés du petit muet.

Au matin, sans réveiller Paulin, il se lève, dit adieu à Robin Grivot, envoie un baiser dans la direction de son frère, et quitte l'auberge pour se mettre à la poursuite d'Honoré Rameau. Il n'est point rentré chez lui, Toupinet l'a vainement demandé. Rémy fouille la ville, tout en s'entourant de mille précautions ; puis voyant que toutes ses recherches demeuraient inutiles, il prend le parti de gagner Cette sous un déguisement. Il n'ose pénétrer que la nuit dans une ville où s'écoula son enfance. Le cœur lui bat quand il revoit la maison du négociant et les fenêtres du bureau à la table duquel il se montra si longtemps assidu. Une femme ouvre la fenêtre pour ôter le crochet qui retient les contrevents ; cette femme, c'est Marguerite ! et Rémy a bien de la peine à ne pas crier son nom. Il rôde autour des murs du jardin ; il lui semble qu'il trouvera un signe, un indice ; il gagne ensuite le faubourg ou il habitait avec sa mère ; il voit l'église où il priait, les collines sur lesquelles les *baraquettes* s'étagent, blanches sur le fond vert des arbustes. Son âme se remplit de tous les souvenirs de son enfance, et quand il a bu à la coupe du passé, il revient encore du côté de la maison du négociant. Elle semble plongée dans un profond sommeil ; cependant une lumière s'allume, une ombre se dessine sur les rideaux. Rémy veut l'atteindre et l'angoisse lui mord le cœur ; il s'aide des aspérités d'un treillage et parvient à la crête du mur du jardin. Les branches d'un énorme noyer le voilent entièrement, il plonge dans la chambre éclairée ; il reconnaît Honoré. Le visage de l'assassin d'Andoche exprime une inquiétude profonde. Il fouille dans son secrétaire, y prend des papiers, les cache dans sa poitrine, et, la lumière à la main, gagne le jardin qu'il traverse pieds nus. Il creuse au pied d'un arbre, y enfouit un des papiers, court à un autre, en cache un second, et tourne de temps en temps des regards effarés vers la maison silencieuse. Soudain on entend des bruits de voix, les portes s'ouvrent, des domestiques paraissent aux fenêtres, un cri retentit :

— Il s'est sauvé ! Rattrapons-le !

Les serviteurs descendent en toute hâte les escaliers ; l'un d'eux tient en main une forte lanière de cuir. Ils se dispersent dans le jardin et poursuivent Honoré Rameau. Celui-ci bondit dans les allées, hagard, furieux, il lutte contre les domestiques, en renverse un ; puis, voyant qu'on le dompte, qu'on le maîtrise, il prend une voix craintive et les regarde d'un air peureux :

— Laissez-moi cacher les papiers, tous les papiers ! Sous les grosses pierres et dans la terre... Il ne faut pas lire ces papiers, on doit les enterrer... Vous ne le direz pas à mon père, et plus tard je récompenserai vos services... Laissez-moi ! oh ! par pitié, laissez-moi cacher les papiers !

— Il faut rentrer, dit d'une voix brève un des serviteurs.

— J'ai encore des papiers... Une heure, laissez-moi une petite heure...

— Pauvre garçon ! s'écria Marguerite en fondant en

larmes, qui m'aurait dit, quand je soignais tout petit l'enfant de madame Louise, que je le verrais un jour fou à lier !

— Fou ! répéta Rémy comme un lugubre écho.

Il n'avait pas besoin d'en savoir davantage, le saisissement lui fit abandonner la branche qui lui servait de point d'appui ; il retomba sur le sol, et murmura en étreignant son front :

— Cette fois, je suis perdu sans espérance !

XI

LOUIS LE JUSTE

Loin de s'améliorer, la santé de Julitte donnait de graves inquiétudes; une fièvre ardente la consumait. Quand le délire cessait, elle tombait dans un abattement profond voisin de l'atonie. Le regret d'un voyage inutile à Marseille, où elle n'avait pu voir Rémy augmentait ses souffrances. L'âme, si cruellement éprouvée avait épuisé ce corps frêle. Le médecin que l'on appela ne put rien promettre de rassurant. De longues privations, la fatigue de la route, une continuelle angoisse avaient lentement épuisé chez Julitte les sources de la vie. Elle s'était fait de ses enfants l'unique amour de son existence; elle s'éteignait consumée par le contre-coup du martyre auquel l'un d'eux était condamné par injustice des hommes. Quand elle sortait de ses accès de fièvre, et qu'elle apercevait Paulin agenouillé près de son lit, elle l'attirait dans ses bras et fondait en larmes.

— Pardonne-moi ! lui disait-elle, je devrais vivre puisque tu me restes... Je devrais encore bénir Dieu de m'avoir laissé un enfant; mais tu n'es pas jaloux du pauvre Rémy, n'est-ce pas ? Eh bien ! ce sont les fers de Rémy qui m'écrasent, c'est la douleur de Rémy qui me tue... Son angoisse devenait si grande qu'elle augmenta de beaucoup son mal. Un matin le médecin annonça à maître Grivot qu'il ne répondait plus de la malade.

— Qui dit que ma mère doit mourir? demande un jeune homme en saisissant le bras du docteur.

— A moins d'un miracle, elle est perdue !

Rémy, car c'était Rémy qui rentrait à Marseille et dont la première visite était pour le père Grivot, Rémy tomba lourdement sur une chaise, la tête affaissée sur la poitrine, les bras pendant le long de son corps.

Le docteur prescrivit quelques remèdes, adressa quelques paroles encourageantes à Rémy, mais sortit en faisant à Grivot un geste désespéré.

— Vous ici ! déjà ! s'écria Robin.

— Moi ! mais non pas tel que j'étais en vous

quittant. A cette heure il me restait une espérance... mais moi perdu, maudit! moi qui n'ai rien trouvé, moi qui ne trouverai pas!

— Mon Dieu! mon Dieu! dit Grivot.

— Si vous saviez tout ce que j'ai fait pourtant... moi qui, arrêté, serais ramené sur les galères, mutilé et condamné à vie!... Pour pénétrer chez M. Rameau mon ancien patron... j'ai escaladé le mur. Quand je me suis trouvé seul dans le jardin, j'ai avec mes ongles fouillé la terre où Honoré, devenu fou, cache des papiers en s'imaginant toujours qu'il dérobe à tous les yeux la preuve de son crime... Je l'avais épié, je connaissais les cachettes; le matin venait; j'ai regagné la crête du mur et j'ai couru me cacher loin, bien loin, emportant comme un trésor ces débris enfouis par un insensé... Rien! rien! des notes informes, des pages lacérées... Son dernier crime, les circonstances qui l'ont motivé ont frappé son cerveau... Honoré n'a pas gagné seul la ville de Marseille; il a été trouvé à la porte Royale par un soldat du guet. Celui-ci a facilement acquis la preuve que sa raison était altérée, et comme il avait sur lui des papiers, de l'or, des lettres faisant connaître son adresse, on l'a envoyé à Cette sous la garde d'un médecin; j'ai eu depuis des détails précis... Fou! il était fou! Dans un moment de rage, il aura détruit le papier fatal, et s'en prend maintenant à toute page sur laquelle sont tracés des caractères... Je vous le répète Robin, il ne me reste plus rien à attendre pour moi... Seulement je verrai ma mère, j'ai besoin de la voir encore, de chercher du courage dans sa tendresse ; ensuite....

— Eh bien ? demanda Grivot.

— Ensuite je ferai mon devoir.

Rémy monta auprès de sa mère.

Le docteur ne se trompait pas, le danger était grand. Il augmenta encore pendant la nuit. Paulin et Rémy enlacés dans les bras l'un de l'autre veillèrent la chère malade. Elle était oppressée, défaillante quand les accès de fièvre étaient finis ; puis le délire recommençait. Alors cette mère de douleurs devenait aussi sublime que touchante. Elle parlait de Rémy, se préoccupant d'une seule chose, sa liberté ! Par la pensée elle se transportait chez tous les personnages influents de Marseille, elle leur racontait l'histoire de son fils, elle les suppliait d'exaucer la prière d'une mourante, de laisser Rémy quitter les galères afin de venir lui fermer les yeux. Elle avait des mots ineffables, des inflexions de voix que rien ne saurait rendre, des élans d'une éloquence entraînante. Pâle, ses cheveux que la peine avait blanchis, répandus en désordre sur ses épaules, les mains jointes, les larmes coulant sur ses joues sans qu'elle s'en aperçût, elle aurait triomphé de la dureté même des gardes chiourmes. Comme elle ne recevait point de réponse à ses suppliques ardentes, elle passait de la prière au désespoir, à la menace, elle invoquait le Dieu des pauvres mères, elle annonçait de terribles malheurs à ceux qui n'avaient nulle compassion de ses tortures. Enfin elle retombait sur son lit, agitant ses bras comme pour écarter des images effrayantes. Ce délire maternel pouvait enlever sa dernière lueur de raison arrêter le dernier battement de son cœur.

Le docteur, Paulin et le bon Grivot se montraient héroïques. La maladie ne cédait pas, le médecin lui assignait une durée de trois semaines. Si au bout de ce temps, une crise salutaire s'opérait, Julitte serait sauvée. Rémy n'oubliait point auprès de sa mère celui qui tenait sa place sur les galères, mais il ne se sentait point le courage d'abandonner la mourante. S'il devait la perdre, il voulait recevoir son dernier soupir; si Dieu n'avait point encore marqué son heure il voulait être l'instrument de son salut et de sa guérison. Il connaissait assez le cœur de celui qui portait ses chaînes, pour savoir qu'il lui dirait : Vous avez bien fait, mon fils! Et il épiait, il attendait, il priait.

Paulin manquait de courage pour se rendre comme de coutume à son atelier. Il restait presque tout le jour assis près de son frère au chevet de la malade. Il s'attachait à Rémy de toutes les forces de son cœur aimant et naïf. Et si quelque chose pouvait compenser les horribles inquiétudes du jeune homme, c'était la tendresse du charmant enfant. Tous deux présentaient tour à tour à leur mère la boisson vers laquelle sa main s'étendait au hasard ; ils soulevaient sur les oreillers rafraîchis et remués sa tête fatiguée ; ils replaçaient en ordre les couvertures froissées par ses doigts nerveux ; ils ménageaient la lumière dans cette chambre silencieuse.

Le gros Robin quand il y entrait ne marchait que sur les orteils. Rémy et Paulin s'entendaient sans parler ; Marioulette mettait des sourdines à sa voix.

Le quatorzième jour, la bonne servante quitta l'auberge de grand matin et rentra assez tard. L'aubergiste, qui l'attendait sur sa porte, était de méchante humeur. L'état de Julitte empirait, le délire atteignait de telles proportions que toutes les forces cérébrales devaient se briser en éclatant. Marioulette courait le plus vite possible, ce qui n'empêcha point son maître de l'apostropher d'une rude façon.

— Mauvaise fille ! dit-il, est-ce l'heure de courir

les rues comme une Marseillaise de rien du tout, quand l'agonie est dans la maison!

— Pour ce qui est de l'agonie, je ne le nie point, dit Marioulette, mais ce que j'affirme, c'est que la mort ne passera pas le seuil du logis.

— Grâce à ce que tu as soigné la malade peut-être?

— Chacun fait ce qu'il sait et ce qu'il peut, répondit brusquement la servante. Il ne faut point me demander de border le lit d'une malade, de la veiller, d'avoir de la patience et de causer dans sa chambre moins de bruit qu'une mouche, mais j'ai les jambes alertes, ma mère a fait de moi une chrétienne, et je viens de brûler un cierge à Notre-Dame-de-la-Garde.

— Tu as fait cela, Marioulette?

— Et je me flatte que le cierge de trois livres que j'ai allumé devant l'autel vaut bien les ordonnances du docteur!

— Eh bien! tu es une bonne fille, Marioulette, et j'augmente tes gages.

— Pas cette année-ci maître Robin; vous dépensez pas mal pour la voyageuse... Jamais vous ne vous ferez rembourser les frais d'apothicaire et les visites de médecin... Faut que tout un chacun contribue à la ramener à la santé, et elle y reviendra!

Rémy descendait l'escalier. A peine fut-il dans la salle qu'il accourut vers l'aubergiste.

— Robin, dit-il, le médecin n'a-t-il pas affirmé que si la fièvre cessait et si ma mère dormait paisiblement le quinzième jour elle serait sauvée?

— Oui, mon ami.

— Eh bien ! elle dort! Ah! Robin, que Dieu est bon! Je pleure de joie!

— Vrai, dit Marioulette en s'avançant, la fièvre a cessé! Et à quelle heure?

— A six heures.

— Quand je vous disais... C'est à six heures que je l'allumais à l'autel de Notre-Dame.

Robin et Marioulette voulurent s'assurer par eux-mêmes de l'amélioration survenue dans l'état de Julitte. La malade sommeillait paisiblement. Rémy et Paulin, penchés à son chevet, attendaient impatiemment son réveil.

Le sommeil fut long et salutaire.

Quand Julitte ouvrit les yeux, le demi-jour qui régnait dans la chambre l'empêcha de distinguer Rémy; elle sentit les lèvres de Paulin sur sa joue, l'attira vers elle, et versant des larmes de joie, elle balbutia :

— Mon enfant! mon Paulin!

Puis son cœur s'envola tout de suite à la recherche de celui qu'elle croyait absent; et ses lèvres murmurèrent :

— Rémy !

— Ma mère ! dit à son oreille une voix tremblante et bien connue.

Julitte se souleva ; un moment elle se crut le jouet d'un rêve; mais son fils, son enfant était bien là; elle pouvait poser sa tête sur son épaule et pleurer de joie. Elle l'écartait d'elle pour le voir mieux encore ; ses lèvres s'agitaient, mais elle ne parlait plus. C'étaient des soupirs, des étreintes, des larmes, des silences. Tout ce qu'ils avaient souffert éloignés l'un de l'autre s'oubliait dans cette minute suprême. Oui, Julitte, à partir de cette heure, était bien véritablement sauvée. Elle s'abandonna à sa joie sans se demander à quel miracle elle la devait. Sa tête avait été si fortement ébranlée, elle avait si cruellement souffert, sa faiblesse était si grande encore, qu'elle cédait au bonheur que lui causait la présence de Rémy, sans s'inquiéter s'il serait durable. Et lui, bercé sur le sein maternel, le front humide de saintes larmes, ne voulait pas se souvenir que ces heures ne pouvaient être éternelles. Il lui semblait qu'il jouissait d'une trêve pendant laquelle son âme devait faire provision de forces. La pensée que Julitte vivait absorbait toutes les autres pensées. Placé entre sa mère et Paulin, il oubliait l'amertume du passé. Cette journée s'écoula avec une rapidité sans égale. Julitte ne questionnait point son fils, elle se contentait de le voir, elle se rassasiait du bonheur de le contempler. Il avait changé un peu au physique, ce beau jeune homme de vingt ans, si gai, si épanoui, quand il était caissier dans la maison Rameau. Les souffrances laissaient une pâleur sur son front, ses yeux s'étaient cernés, sa voix prenait des notes graves. Il était devenu un homme, il savait tout ce qu'apprend la vie : il avait beaucoup pleuré.

Il fallut que Rémy s'arrachât à ces entretiens presque muets ; il tremblait de fatiguer la chère malade. Marioulette s'offrit pour la veiller, et les deux frères se retirèrent dans leur petite chambre.

Mais le lendemain Julitte s'éveilla de bonne heure ; elle rassembla ses idées, calcula et se demanda avec angoisse comment il se pouvait que Rémy fût près d'elle.

Aussi, quand le jeune homme lui eut donné son premier baiser, elle le regarda fixement, longuement :

— Le roi t'a donc fait grâce? dit-elle.

— Non, ma mère, dit Rémy, rassemblant toutes ses forces pour lui apprendre la vérité.

— Alors, poursuivit-elle effrayée et en se penchant à son oreille, tu t'es évadé.

Rémy secoua la tête.

— Ma mère, reprit-il, ma sainte mère, il faut que vous sachiez tout... J'aurais attendu jusqu'à demain peut-être... vous interrogez, je répondrai... Le roi ne m'a point fait grâce, je ne me suis point évadé, je ne suis pas libre sur parole, mais libre sur caution...

— Je ne comprends pas, dit Julitte.

— Pendant que je courais à la poursuite de la preuve écrite de mon innocence, un homme portait mes chaînes; tandis que je vous disputais à la mort, il était à ma place, enchaîné au banc de torture...

— Il s'est trouvé un homme pour faire cela ! s'écria Julitte.

— Mieux qu'un homme, ma mère, un saint !

Alors Rémy raconta les détails de la visite de l'inconnu, et comment, cédant à une confiance subite, il avait montré à celui-ci la lettre d'Andoche. Puis il dit son désespoir alors qu'il se vit dans l'impossibilité de profiter du moyen de salut qui lui était offert... Enfin il fit le portrait du visiteur, parla de son éloquence persuasive, de son autorité mystérieuse, de la déférence qu'il inspirait à Pa-Thermute, de la générosité sublime avec laquelle il avait offert à Rémy de prendre sa place au bagne.

— J'ai accepté, continua Rémy, j'ai accepté ce dévouement. L'on me promettait la preuve de mon innocence ; cette preuve, il me la fallait pour toi que tuait ma souffrance, pour Paulin déshonoré par la flétrissure de son frère, pour moi que consumait le désespoir. Je me représentais par avance ta joie maternelle, les transports de Paulin; je voyais M. Jean Rameau me tendant sa main et me demandant pardon de m'avoir fait condamner... Tu aurais fait comme moi, n'est-ce pas ma mère, tu serais tombée aux genoux de cet homme, de ce bienfaiteur héroïque, et tu aurais juré de revenir le délivrer nanti de la preuve qui te faisait innocent, afin de l'arracher à sa captivité volontaire et de dévoiler à tous le secret de sa générosité ; ou bien si tu avais échoué... si ta main qui se tendait avide pour saisir ce papier t'échappant toujours, n'avait rien reçu, rien trouvé... si l'assassinat et la folie avaient frappé les uns et troublé les autres si tout était perdu sans ressources, si cette espérance suprême n'avait eu d'autre résultat que celui de te faire sentir davantage au fond de quel abîme tu te trouvais, tu aurais repris le chemin du martyre et redemandé tes fers à celui dont la charité n'avait pu accomplir le miracle rêvé.

Julitte ne regardait plus son fils qu'à travers ses pleurs.

— Armez-vous de courage! lui dit Rémy, il nous en faut à tous deux; soutenez-moi, car mon cœur se brise à la pensée de vous quitter; il me semble que je ne pourrai jamais m'arracher à cette maison, cesser de vous voir, et renoncer à des baisers dont je fus privé pendant huit années.

Mais Julitte se souleva sur son lit, et entoura son fils de ses deux bras.

— Nous ferons tous notre devoir, dit-elle, mon cher enfant! Mon Rémy, ta croix est bien lourde! mais tu as trouvé le Cyrénéen sur ta route pour t'aider à la porter... Je puise des forces dans la joie de te voir, même une seule heure; ce qui s'est passé te prouve que la Providence ne t'abandonne pas. Ta cause est juste, elle triomphera tôt ou tard! Ah! que ne puis-je aller avec toi pour bénir celui qui t'a prouvé tant de compassion, que ne puis-je mouiller ses mains de mes larmes!... Tu lui diras qu'au récit de ce qu'il a fait pour toi j'ai pleuré d'attendrissement et d'admiration! Ah! que la mère d'un tel fils est heureuse! Vois-tu, mon Rémy, le temps s'avance, tu n'as plus que deux années de captivité à subir, souffre-les généreusement. Je crois, moi, à ton honnêteté, à ton honneur! je veux croire à ta fermeté et à ta vertu. Dieu nous éprouve, il nous dédommagera.

— Eh bien, dit Rémy, demain je te quitterai. Tant que ta vie s'est trouvée en suspens, je n'ai pas eu le triste courage de reprendre mes chaînes. Je ne redoutais pas la souffrance, mais je ne voulais point que tu meures loin de moi... Demain! demain! fortifiés et ranimés tous deux, nous nous quitterons, en demandant à Dieu qu'il nous fasse vivre deux années encore.

En ce moment, les sons éloignés d'une musique militaire parvinrent à l'oreille de Rémy. Il entendit pousser des cris de joie; les acclamations du peuple répondaient au bruit sourd des canons des forts et des galères. Julitte et son fils se demandaient quel événement se passait à Marseille, quand Marioulette fit irruption dans la chambre.

— Jésus-Dieu, dit-elle, c'est Sa Majesté Louis XIII qui fait son entrée dans la ville.

Julitte, qui avait été pendant trois mortelles semaines entre la vie et la mort, et Rémy, qui ne quittait pas son chevet, étaient complétement étrangers aux nouvelles qui faisaient l'objet des conversations de toute la ville. L'aubergiste, bien qu'il les apprît presque sans les demander, perdait le souvenir de toutes les choses du dehors quand il se retrouvait dans la petite chambre de la malade. Du reste, des êtres ainsi éprouvés et torturés de manières si diverses étaient bien indifférents à ce qui survenait autour d'eux, et peu leur importait que le parlement d'Aix se plaignît de n'avoir plus toutes ses franchises, que les huguenots se fortifiassent dans toutes les villes dont ils s'emparaient, que le cardinal de Richelieu trouvât nécessaire d'avoir la Rochelle. Cette mère et ce fils, cette agonisante et ce galérien avaient assez de leurs préoccupations, de leurs angoisses, de leurs tortures. On ne parlait du reste pas devant eux de ce qui pouvait les troubler, et il fallut le grand mouvement populaire occasionné à Marseille par l'entrée du roi pour les arracher à eux-mêmes.

Le voyage de Louis XIII était devenu une nécessité politique.

Depuis plus d'un siècle la Provence était en proie à des troubles et à des révolutions dont le contre-coup se faisait sentir dans toute la France. Les massacres d'Orange, les représailles de Mornas, les garnisons massacrées par des vainqueurs sanguinaires, des avantages temporaires expiés par de cruelles défaites, la haine des huguenots contre les catholiques, les efforts désespérés de ceux-ci pour reprendre leurs châteaux forts et ressaisir leur influence au parlement d'Aix, tout avait contribué à ruiner la Provence, déjà décimée par la peste et inquiétée par la famine. Le duc de Guise, gouverneur de cette province, réussit à y faire oublier l'orgueil et la dureté du duc d'Épernon, et l'on put croire que la paix ne serait plus troublée, quand l'orage, soufflant du Dauphiné, s'abattit de nouveau sur la Provence. Les catholiques demandaient la révocation de l'édit de Nantes, les protestants se retranchaient dans les villes de leur parti, s'y fortifiaient et se tenaient prêts à soutenir la guerre. Ils avaient à leur tête le duc de Rohan, dont l'obstination était devenue redoutable.

Le cardinal de Richelieu, peut-être en haine du duc de Guise, son gouverneur, ne manquait jamais une occasion de blesser les Provençaux; et il fallut que les circonstances exigeassent d'une façon impérieuse la présence du roi, pour qu'il ne s'opposât pas de tout son pouvoir à la visite que Louis XIII se proposait de faire à Marseille. Ce monarque était reconnaissant à la grande et riche ville de Provence de sa fidélité et de l'empressement avec lequel elle lui avait fait don d'une somme de trente-huit mille livres.

Le conseil de la ville voulut recevoir le roi avec

magnificence. Marc-Antoine de Vento des Pennes fut nommé mestre de camp de la milice bourgeoise. Sur la place Saint-Michel s'éleva un riche amphithéâtre au centre duquel un dais de velours bleu protégeait un trône merveilleux. Des enfants uniformément vêtus, et portant des banderolles aux couleurs du roi, sortirent de la ville, escortés par la musique, et se rendirent à la plaine où se massait le peuple impatient. Le cortége ne tarda pas à suivre ces bataillons enfantins. En tête marchait la milice, commandée par son mestre de camp. Les soldats portaient des costumes variés et bizarres. Un grand nombre étaient habillés en Turcs, d'autres en Indiens, quelques-uns en sauvages. Le viguier, marquis d'Oraison, couvert d'un manteau, les consuls Boniface de Cabanes, Joseph de Bègue, Antoine Gasquet, l'assesseur Jean de Riquetti, vêtus de robes rouges, précédés de valets et de trompettes; les habitants notables, les gentilshommes, les membres du conseil municipal suivaient sur des chevaux couverts de housses de velours et richement harnachés. Après eux venaient les officiers du siége, les procureurs, les huissiers et les sergents. Le clergé des diverses paroisses s'avançait ensuite. Monseigneur de Coëffeteau se trouvait alors absent de Marseille, mais il s'était fait représenter. Les chanoines de la Major avaient revêtu leurs vêtements de brocart ; les communautés religieuses avaient des délégués ; puis venaient les corps de métiers portant l'image de leurs patrons et leurs enseignes respectives. Quand cet immense cortége se fut mis en bon ordre, on attendit l'arrivée des premiers courriers de Sa Majesté. A peine distingua-t-on les équipages, que les décharges de mousqueterie et les acclamations du peuple se confondirent. Louis XIII parut, accompagné du duc de Montmorency, du comte de Schomberg et de plusieurs de ses familiers. Il s'avança jusqu'à l'amphithéâtre, gravit les marches du trône sur lequel il prit place, et accueillit avec une grâce toute royale les consuls qui fléchirent le genou devant lui. Riquetti prononça un discours que suivit celui du grand vicaire de l'évêché de Marseille. Enfin le cortége défila devant le monarque. Louis XIII descendit alors de l'amphithéâtre, monta sur un cheval blanc et entra dans Marseille par la porte Royale où Antoine Libertat le reçut. Il prit alors les clefs de la ville, merveille de ciselure et d'orfévrerie, des mains de Boniface de Cabanes. Quand le roi Louis les eut acceptées, il posa une main sur le livre renfermant les *Chapitres de paix*, et jura à haute voix de respecter les franchises de Marseille. Il y eut alors explosion d'allégresse et d'enthousiasme, et le roi continua sa marche triomphale jusqu'à la porte des Augustins. Les Marseillais, connaissant la passion du roi pour les oiseaux, avaient réuni dans une volière les plus mélodieux et les plus rares. Des bergers et des bergères sortirent d'un jardin pour faire au roi un salut mêlé de danses pittoresques. Louis XIII était profondément ému de cet accueil. Ce monarque rêveur et triste, que tortura si longtemps le doute et la défiance, s'épanouissait et renaissait dès qu'il croyait à la sincérité de l'affection qui lui était témoignée. Et puis, il pouvait respirer un peu plus à son aise et s'abandonner mieux aux penchants naturels de son cœur. En ce moment il était libre de la tutelle du cardinal, cette domination qui faisait son salut et qui était son supplice.

Le monarque qui devait un jour consacrer la France à la Vierge désira que sa première visite fût pour la Major, ce sanctuaire édifié sur l'emplacement de la première des chapelles érigées quand Marthe évangélisait la Provence, et que Madeleine, du fond des grottes de Beaume demandait à Dieu le salut des habitants de la grecque Phocée.

De l'église, Louis XIII se rendit au palais situé sur le port. L'artillerie de la tour Saint-Jean et celle des galères le salua par des décharges de toutes ses pièces. Louis se montra à l'une des fenêtres du palais, et la milice bourgeoise défila devant lui. Le roi voulut voir le fort de Notre-Dame-de-la-Garde, et prier dans la chapelle miraculeuse, qu'il enrichit de dons royaux.

Ce voyage était pour lui une véritable fête. Il prenait part à tous les divertissements qu'on lui préparait, non point comme à sa cour de Paris, morose et triste, écrasé par l'étiquette, et tenu en laisse, en quelque sorte, par un homme qu'il redoutait et gardait seulement parce qu'il ne pouvait se passer de ses conseils. Quand Louis visita le port de Morgiou, il s'amusa extrêmement de la pêche au thon qu'on lui avait ménagée.

Pendant les jours de ce voyage, il semblait n'être que le premier gentilhomme de son royaume. Il se sentait disposé à la clémence, il éprouvait le besoin de donner des récompenses et d'accorder des grâces.

Quelquefois, cependant, un nuage passait sur son front ; il s'adressait à lui-même une question insoluble ; il paraissait chercher dans la foule un homme qu'il n'apercevait pas.

En sortant du sanctuaire de Notre-Dame-de-la-Garde, il demanda au capiscol de la Major :

— Vous avez vu ici le grand aumônier des galères ?

— Nous l'avons attendu, Sire, nous avons envoyé même au devant de lui, mais il n'est pas venu.

— Cela est étrange ! murmura le roi. Et il ajouta en se parlant à lui-même : Dois-je m'étonner de ses façons d'agir quand il prépare de tous côtés des œuvres nouvelles et se dévoue à toutes les misères, quelles qu'en soient les causes.

Cependant ce souvenir tourmentait le roi, et le soir il en parla à l'intendant général. Celui-ci, comme M. d'Ollières répondit :

— Il n'est pas venu.

Louis XIII éprouvait pour le saint prêtre qu'il avait investi de cette grande et pénible mission un sentiment de respect profond et d'affection sincère. La parole de cet homme humble et doux devait le rassurer et le consoler plus d'une fois ; il était réservé à l'apôtre de la charité d'émouvoir les grands, les puissants de ce siècle. Il devait faire pleurer Anne d'Autriche, conduire M. de Rancé à la Trappe, et soutenir Louis XIII expirant. Le cardinal de Richelieu gouvernait la France politique, le fondateur des Filles de la charité créait au sein de la France une France nouvelle, génération de lazaristes, de missionnaires, de sœurs grises, pépinière de rejetons destinés à donner à leur tour des rameaux remplis de séve. Quand le roi ne pouvait, dans ses heures d'angoisse et de tristesse, consulter le guide de sa conscience, il s'effrayait, s'affligeait. Des craintes étranges s'emparaient de lui, la timidité de son caractère reprenait le dessus ; la jalousie dévorait ce cœur peureux, et il semblait à ce pauvre roi, dont la mère avait livré Henri IV au poignard de Ravaillac, qu'il était environné de piéges et menacé de mille malheurs.

Autant pour satisfaire son amour de la justice que pour avoir plus tard la satisfaction de dire à l'aumônier royal des galères qu'il avait accordé quelques grâces en son nom, Louis XIII voulut, avant son départ pour Aix, visiter le bagne, et prouver à quelques-uns de ces malheureux que le cœur d'un roi s'imprègne souvent de miséricorde. Celui de Louis XIII n'était point cruel. S'il se trouva souvent obligé de ratifier les sentences de Richelieu, il en souffrit plus d'une fois, et s'estimait heureux de laisser agir la clémence. D'ailleurs tout l'invitait à la bonté, depuis la splendeur du ciel jusqu'aux pieux pèlerinages, depuis l'accueil enthousiaste des Marseillais jusqu'aux bonnes nouvelles qu'il recueillait de tous côtés. Sa présence sur les diverses galères qu'il visita fut signalée par des grâces nombreuses. Il commua des peines, il rendit la liberté à quelques malheureux détenus pour des fautes légères. Bien qu'il reconnut la nécessité des galères, en raison de l'humeur batailleuse des Turcs, il n'y attachait pas un prix aussi exagéré que Charles IX et Henri IV. Du fond des *vagues* qu'habitaient de si poignants désespoirs, il entendit des bénédictions qui lui remuèrent le cœur. Chacun se ressentit de la royale visite ; et en quittant les condamnés, le roi leur dit d'une voix grave :

— J'ai fait grâce à quelques-uns comme roi, mais j'amènerai l'aumônier général faire grâce au nom de Dieu.

La galère de Pa-Thermute resta la dernière.

Le jour baissait un peu, Louis XIII reçut le salut des officiers, passa l'équipage en revue, et, suivi de l'intendant général, de M. de Schomberg, de M. Gaspard Seren, aumônier du chapitre, il descendit. Pa-Thermute était déjà à son poste.

En pénétrant dans la *vague*, Louis XIII se sentit suffoqué par l'air pestilentiel qu'on y respirait. Il réprima cette première répugnance et s'avança vers les forçats. Les uns le regardaient avec une expression suppliante, les autres paraissaient défier le monarque d'ajouter quelque chose à leur supplice.

Louis XIII en interrogea quelques-uns. La plupart

lui répondaient en protestant de leur innocence. Ces visages livides, ces pieds enchaînés, ces mains rivées en quelque sorte aux rames, firent sur le roi une impression profonde. Il comprit alors combien un aumônier général était indispensable pour stimuler la charité des prêtres et corriger la sévérité des gardiens. Plus qu'en tout autre moment il eut souhaité avoir à ses côtés celui qui le mieux trouvait les secrets de sa conscience, et le rassurait en l'éclairant. A mesure que Louis XIII avançait dans son inspection royale, celui qui occupait la place de Rémy baissait plus bas la tête. Sa contenance était plus humble que jamais, il tentait de se dissimuler derrière ses camarades et ne paraissait désirer aucune grâce, aucun allégement.

Le monarque le remarqua; et, s'adressant à Pa-Thermute :

— Quel est cet homme ? lui demanda-t-il.

— Le numéro 2918, répondit l'argousin tout tremblant.

— Ils n'ont plus même de nom... murmura le roi.

En ce moment on entendit au haut de l'escalier conduisant au sommet de la galère des cris répétés de : Laissez-moi passer ! il faut que j'arrive ! c'est mon devoir ! je suis un forçat !

Les officiers s'avancent et s'inquiètent, l'agitation

de l'argousin augmente ; ses aides se demandent d'où vient un pareil scandale ? Aucune évasion n'a eu lieu, et le nombre des galériens est exact.

Des soldats essaient de contenir l'homme qui cause ce désordre, il continue à se débattre.

— Le roi est ici, dit-il, j'en appelle au roi!

Louis XIII entend ces dernières paroles, et, s'adressant à l'intendant :

— Je saurai ce que veut cet homme, dit-il, amenez-le moi !

Cet homme, c'était Rémy.

En apercevant Louis, il s'avance respectueusement.

— Tu as fait appel au roi, dit le monarque, et ce roi a nom Louis le Juste, que veux-tu ?

— Reprendre mes fers, sire.

— Tu t'es évadé :

— Le nombre des rameurs est complet, dit Pa-Thermute d'une voix étranglée.

— Oui, complet, reprend Rémy, grâce à l'héroïsme d'un homme qui s'est sacrifié pour tenter de me sauver... Une lettre mystérieuse m'avait enjoint de travailler à m'évader afin d'aller chercher dans les gorges d'Ollioules les preuves de mon innocence, je me trouvais réduit au désespoir par l'impossibilité de m'évader, et l'impatience douloureuse de tenir enfin ma réhabilitation et ma liberté, j'allais sans doute me délivrer de la vie par un suicide, quand un étranger qui visitait les galères se chargea de mes chaînes, se fia à ma parole, et me dit d'aller à la recherche des papiers qui étaient pour moi plus que l'existence, qui étaient l'honneur... J'ai quitté la galère, j'ai trouvé... mais la fatalité est sur moi sans doute, car au moment où je me croyais sauvé, je suis tombé plus avant dans mes incertitudes et ma douleur... Pour recevoir la bénédiction de ma mère, couchée sur son lit d'agonie, j'ai veillé et prié... ma mère vivra ! je bénis encore Dieu puisqu'il me l'a conservée et je redemande mes fers et ma place à la *vague*...

En écoutant cet homme, Louis XIII avait passé par des émotions rapides qui toutes se réflétaient sur son pâle et maigre visage ; et quand Rémy se tut, le roi marcha vers le galérien que Rémy désignait, en disant :

— Il n'existe dans mon royaume qu'un seul homme capable d'un tel dévouement... et cet homme est Vincent de Paul. Toutes les poitrines haletaient, tous les regards s'emplissaient de larmes. Rémy s'était glissé jusqu'à l'extrémité du banc, et soulevait les fers en les désignant à Pa-Thermute.

A peine le roi fut-il en face du forçat et put-il

distinguer ses traits dans l'ombre envahissante tombant au fond de la *vague*, qu'il resta un moment immobile, comme saisi par la grandeur du tableau qui s'offrait à lui, puis, d'un accent vibrant de larmes, et par un mouvement aussi noble qu'inspiré, il s'agenouilla devant le forçat pour lui dire :

— Bénissez-moi, mon père !

Vincent de Paul se souvint seulement qu'il était prêtre et que le Seigneur ratifiait ses actes, et, posant ses mains enchaînées sur le front du roi :

— Dieu vous sauve ! Sire ! et Dieu vous garde !

Et quand Louis XIII, roi de France et de Navarre, se releva, ce fut pour étreindre le prêtre sur sa poitrine.

En un instant Vincent de Paul fut libre.

— Vous demandiez, dit-il aux galériens, la visite de l'aumônier des galères, cette visite a été plus longue que vous ne croyiez, mes frères... J'ai vécu de votre vie, j'ai mangé de votre pain, j'ai vu vos sueurs et vos larmes... pour beaucoup je vais demander grâce, pour quelques-uns je demanderai justice.

Vincent de Paul prit la main de Rémy.

— Sire... dit-il.

Il n'ajouta rien, Louis XIII fit un signe à l'intendant.

— Ce n'est point cependant la grâce d'un coupable

que je désire, reprit Vincent de Paul, mais Rémy est innocent, j'en donne pour garantie ma parole, et je m'engage conjointement avec lui à en fournir la preuve.

— Faites, Vincent, faites, dit le roi! Accordez grâce en mon nom à ceux que vous jugerez mériter l'indulgence ou la justice; gouvernez pour moi qui gouverne si peu, pourvu que, à votre tour, vous ne me refusiez point ce que je vais vous demander.

— Ah! sire! s'écria Vincent de Paul, ne connaissez-vous pas mon respectueux attachement?

— Eh bien! dit le roi en se penchant à l'oreille de l'aumônier général des galères, c'est vous qui m'assisterez au moment de la mort; je veux remettre mon âme dans les mains d'un saint.

L'aumônier usa largement du droit de grâce que lui confiait Louis le Juste. M. d'Ollière jeta sur ses épaules son propre manteau, et Louis XIII ne voulut point consentir à quitter Vincent de Paul pendant le reste du jour.

Le bruit de ce qui s'était passé à bord de la galère se répandit comme s'allume une trainée de poudre. Les rues s'illuminèrent subitement, la foule se porta sur le passage du roi, battant des mains pour Louis XIII, demandant la bénédiction de l'humble prêtre. Le roi soulevait son feutre empanaché, le p·être agitait la main, et, comme une voix, cent mille hommes répétaient sur le port :

— Vive le roi! vive Vincent de Paul!

Ce fut au milieu de ce concours spontané que Louis XIII regagna le palais.

XII

L'AVEU

La folie d'Honoré Rameau porta le dernier coup au négociant. Il essaya de garder chez lui pour le soigner le pauvre insensé, mais à ses heures de divagations paisibles succédaient de tels accès de rage que la vie des gens commis à sa garde ne se trouvait pas en sûreté. Jean Rameau confia donc son fils aux soins d'un médecin éclairé. Celui-ci emmena son nouveau pensionnaire dans une maison salubre, gaiement située, et s'efforça d'enlever au malheureux toute préoccupation d'esprit. Le genre de folie du malade fournit vite au docteur la preuve qu'au fond de cette insanité d'esprit se cachait une vérité terrible. Pour guérir

Honoré, il devenait nécessaire d'employer mille précautions, de prendre peu à peu de l'empire sur lui, de se faire presque le complice de sa manie, et de l'en déshabituer à force de complaisance. Honoré continuait à ramasser tous les fragments de papier et à les enterrer avec un grand mystère. Souvent, le lendemain, il cherchait ceux qu'il avait enfouis la veille, se persuadant qu'il serait trop facile de les découvrir. Le docteur ne s'opposait nullement à la manie du jeune homme, lui fournissait l'occasion, la facilité de creuser des cachettes ; mais en même temps, il commençait à trouver le moyen de régulariser la folie d'Honoré. Il fit comprendre au fou que tous les papiers n'étaient point utiles ou compromettants. Il força son esprit enveloppé de ténèbres à découvrir le sens des lettres et des mots. Des lambeaux de phrases, des exclamations arrachés à l'insensé le mirent sur la voie. La folie du jeune homme s'adoucit et diminua ; au lieu d'enfouir des papiers, il en vint à désirer lire ceux qu'il avait enterrés au hasard... Lentement la réflexion reprit son empire ; des lueurs de raison se firent jour ; d'abord intermittentes, elles acquirent bientôt plus de force et de durée, et au bout d'une année de traitement le docteur ramena Honoré chez son père. Mais avec la guérison s'éveillait la conscience. Cet homme, qui avait nié le remords, se débattait sous l'étreinte du remords. Il ne pouvait sans frémir se souvenir des gorges d'Ollioules. Le double crime qu'il avait commis ne s'effaçait pas de sa pensée, il tomba dans un marasme plus dangereux que sa folie. M. Rameau, craignant sans cesse une rechute, le questionnait avec bonté, l'encourageait, l'environnait d'une tendresse dévouée. Ces affectueux témoignages ajoutaient aux tortures extérieures du coupable. Il se savait aussi indigne de l'affection de son père que de l'estime des hommes. Il luttait encore contre lui-même, hésitait à avouer une vérité terrible, mais il sentait qu'une franchise absolue le sauverait de son propre mépris, dût cette franchise le perdre sans retour.

Un soir, Jean Rameau et son fils se trouvaient seuls dans le petit salon. La lumière de la lampe envoyait une douce lumière sur les moulures dorés des cadres et la figure pâle du portrait de Louise. Le négociant attisait le feu d'un air préoccupé ; Honoré, le front caché dans ses mains retombait sous le poids de ses souvenirs.

— Mon ami, dit Jean Rameau en frappant sur l'épaule de son fils, ton état de souffrance a-t-il empiété sur tes sentiments? Tu sembles oublier que tes fiançailles avec Cécile sont un engagement d'honneur?

La famille s'inquiète et la jeune fille devient triste.

— Je ne l'épouserai pas, dit Honoré d'une voix brève.

— Pourquoi t'exagérer le mal? reprit Jean Rameau avec bonté. Ce que tu as ressenti est une fièvre mêlée de délire dont les accès se sont prolongés plus qu'à l'ordinaire, voilà tout... Cet accident ne saurait effrayer Cécile pour l'avenir. Il n'est ni dangereux, ni héréditaire.

— Je le sais, répondit Honoré.

— Tu n'aimes plus cette jeune fille.

— Je l'aime plus que jamais, au contraire.

— Eh bien!

— Je me trouve indigne d'elle, mon père.

— Allons, Honoré, c'est à moi qu'il appartient de te rassurer sur ces craintes; ta jeunesse a été agitée peut-être... je l'ignore... Tu ne m'as rien dit, je n'ai rien demandé... Mais si de ce tumulte des premières années, de cet orage du cœur, il n'est rien resté dans le présent, de bonnes résolutions suffisent pour racheter le passé. Des dettes de jeu s'oublient, et je te pardonne des fautes pour lesquelles autrefois j'ai manqué d'indulgence.

— Des fautes! répéta Honoré d'une voix sourde. Puis se levant il ajouta d'une voix vibrante :

— J'ai commis un crime!

— Mon fils! mon enfant, tu t'égares, reviens à toi!

— Ah! oui! reprit Honoré, je sais ce que vous allez croire... Si je vous fais ma confession, vous direz : il est fou! il est fou! et vous appellerez le docteur... Ne mandez personne, mon père, j'ai volé, j'ai tué... cela est horrible, épouvantable... Moi, votre fils, je suis un larron et un assassin!

Jean Rameau enlaça son enfant dans ses bras.

— Il faut que j'expie, reprit Honoré; il faut que je m'accuse... Oh! ne craignez pas qu'on doute de mes paroles; on me croira, il y a des preuves... des preuves de mon infamie.

Honoré s'était levé; son visage devenu subitement pâle indiquait une émotion violente, ses mains tremblaient.

— Il me semble, poursuivit-il, que je serai un honnête homme quand j'aurai tout avoué, tout prouvé... J'ai été fou! c'est un grand malheur... Pendant ma folie, j'ai tenté d'anéantir la seule preuve de ma culpabilité et de... oh! je trouverai! et alors, mon père, si vous me pardonnez, je croirai que Dieu me pardonne...

Jean Rameau demeura d'autant plus convaincu que son fils venait de subir un nouvel accès de folie, que sans s'expliquer davantage Honoré s'élança dans le jardin. Pendant toute la soirée il fouilla au pied des grands ormes, mais sans rien trouver de ce qu'il cherchait avec une activité fiévreuse. Il avait reconquis assez de raison pour comprendre que M. Rameau s'opposerait à ses projets s'il les lui faisait connaître. Aussi, de grand matin, quitta-t-il la maison paternelle, d'où il demeura absent pendant quatre jours. Le négociant demeurait en proie à de terribles inquiétudes ; dans la soirée, et par un épouvantable orage, Honoré frappa à la porte de la maison, et pénétra dans le bureau où son père s'abandonnait au plus violent désespoir.

Honoré paraissait heureux au contraire ; sans doute sa joie était bizarre dans sa manifestation heurtée et fiévreuse. Il tira de son sein un papier qu'il agita, et s'écria :

— Je le tiens enfin ! mon père ! mon bon père ! il n'y aura plus de nuage dans mon esprit. Je me repens, je vais dire la vérité... Je sauverai l'innocent, j'accepterai le châtiment à sa place... Mon père, serrez-moi dans vos bras ; je reprends courage et je me sens heureux, je redeviens un honnête homme, et Honoré tendit à Jean Rameau un papier jauni, souillé par la terre, presque moisi par l'humidité.

Le négociant désolé en voyant que son fils retombait dans ses visions, n'osa pourtant pas heurter de front sa folie, il prit le papier qu'il lui tendait.

Peu à peu, à mesure qu'il déchiffrait les mots, et regardait la date. il changeait de visage ; enfin ses yeux agrandis se fixèrent sur Honoré.

— Toi ! toi ! balbutia-t-il.

— Je réparerai ! j'avouerai tout ! s'écria Honoré, en tombant aux genoux de son père. Le négociant laissa tomber ses bras le long de son corps, et sans pousser un soupir, l'œil vitreux, les membres roidis, il resta foudroyé par l'apoplexie.

Honoré ne comprit pas tout de suite quelle terrible expiation lui venait de Dieu. Il crut que son père succombait à un étonnement douloureux, et pendant longtemps il essaya de le calmer, de le consoler. Il lui répétait que la seule manière de le décharger de sa faute était de lui permettre de l'avouer ; il le suppliait de lui pardonner. Il évoquait sa tendresse ; il parlait de ses regrets et de ses remords... Quand la terrible vérité se fit jour il tenta de l'éloigner, de la nier : il la trouvait trop cruelle. Son châtiment ne devait pas être d'avoir coûté la vie à son père ! Et cependant, en apprenant à quel degré d'infamie son fils était tombé, le vieillard n'avait pu que mourir.

Le désespoir d'Honoré fut sauvage et farouche. Il s'enferma avec le cadavre. Il répéta, à celui qui ne pouvait plus l'entendre, sa lamentable histoire ; il tenta de réveiller du sommeil de la mort celui que le Seigneur avait pris en pitié ; enfin il dut permettre que l'on s'occupât des obsèques. Jean Rameau était singulièrement estimé dans la ville de Cette, sa mort fut un deuil public ; depuis plusieurs générations tous les membres de cette famille donnaient l'exemple de la vertu.

Par une étrange coincidence à l'heure où tintait le glas de Jean Rameau, Julitte, Rémy et Paulin, conduits par un prêtre, pénétraient dans l'église paroissiale de la ville de Cette et s'agenouillaient devant l'autel. Vincent de Paul était convaincu que l'heure de la justice venait de sonner pour son protégé, et il avait obtenu de Rémy qu'il entrât dans sa ville natale.

Andoche, qui survivait à ses blessures, avait raconté à Vincent de Paul les événements de sa vie, en le suppliant de lui aider à réparer complétement sa faute. Il fallait pour cela l'aveu d'Honoré. L'apôtre promit de tout mettre en œuvre pour triompher de cette rebelle nature ; et, sûr de réussir avec l'aide du ciel, il pria Rémy et sa famille de l'accompagner à Cette.

Leur première visite fut pour l'église.

Un cercueil drapé de noir était dans le chœur.

Les serviteurs de la maison Rameau pleuraient à chaudes larmes.

Les prêtres vinrent et entonnèrent les hymnes de la mort; alors on vit lentement s'avancer dans la nef un homme subitement vieilli, courbé par le désespoir et la honte. Il se traînait sur les dalles, les yeux baissés, et quand il fut arrivé près du cercueil de Jean Rameau il appuya son front sur le drap mortuaire et fondit en larmes.

La famille Ciotat se leva pour rendre un dernier et pieux hommage à l'âme qui venait de remonter vers Dieu, l'abbé Vincent prit le goupillon qui reposait dans un vase d'argent, et jeta de l'eau bénite sur le corps glacé, Rémy allait remplir le même devoir quand son regard tomba sur l'homme prosterné près du cercueil.

Il le reconnut, chancela, et s'appuyant sur l'épaule du prêtre :

— C'est lui ! dit-il, lui !

Vincent de Paul leva les yeux sur Rémy. Le visage du jeune homme exprimait un étonnement douloureux, on ne pouvait y lire aucune haine.

— Pardonnez-vous ? demanda le prêtre.

— Vous m'avez appris la charité, répondit Rémy.

L'émotion et la terreur clouaient Julitte à sa place.

Le prêtre s'approcha plus près encore d'Honoré, et avec un accent qui empruntait à la circonstance une autorité doublement sacrée :

— Mon fils, dit-il, ne sort-il point une voix de ce cercueil pour vous conseiller d'accomplir une réparation ?

Honoré se souleva, et appuyé d'une main sur la chaise, de l'autre s'attachant au bras du prêtre :

— Que savez-vous donc ?

— Tout ! répondit Vincent de Paul.

— Vous avez raison, reprit Honoré... la main de Dieu est sur moi, il faut que je parle... En face de mon père mort foudroyé en apprenant mon crime, en face de Rémy dont j'ai causé la ruine et le désespoir... Rémy me redemande son honneur perdu, il exige sa réhabilitation devant les hommes, il l'aura... aussi bien, je ne puis plus traîner ma misérable vie...

Honoré se dressa sur ses pieds. L'expiation qu'il voulait subir devait être proportionnée à sa faute. Il avait fui la honte publique, il fallait maintenant aller au-devant. Les prêtres achevaient les chants funéraires, la foule remplissait l'église, les amis, les clients de la maison Rameau étaient là, Honoré passa en revue, d'un regard rapide, ceux qui se trouvaient assemblés pour les funérailles. Il frisonna à l'idée de ce qu'il allait oser faire ; mais à deux pas de lui se trouvait le groupe formé par Rémy, Juliette et Paulin, et tout près, comme pour le soutenir, restait l'abbé Vincent.

Honoré quitta sa place, et monta les deux marches conduisant au chœur. Puis, élevant la voix :

— Devant le cercueil de mon père, dit-il, devant ceux qui honorent ses obsèques et prient pour son âme, je vais satisfaire enfin ma conscience outragée, et venger la justice que j'offensai... Mon aveu tardif ne saurait effacer les souffrances que des innocents ont endurées à cause de moi, mais je me repens ! Je demande à mon tour miséricorde et grâce, et je pleure en m'accusant... Il y a huit années, un enfant du pays quittait notre ville enchaîné avec d'autres galériens ; on l'avait cru coupable d'un vol de confiance... cet homme s'appelait Rémy Ciotat... il était innocent... seul, pour satisfaire à une dette de jeu, j'avais volé mon père !

Honoré posa la main sur le cercueil.

— Je demande pardon à Dieu, dit-il, pardon à ta mémoire Jean Rameau ! pardon à Rémy et à sa mère !

Les pleurs le suffoquèrent, il tomba sur ses genoux.

Devant ce désespoir et ce repentir, se calma l'agitation qui s'était pendant un moment manifestée dans l'église. Rémy s'avança vers Honoré, Juliette regarda sans haine, celui qui leur avait fait tant de mal ; le malheureux tendit au jeune homme le fatal papier qu'Andoche avait failli payer de sa vie, et Vincent de Paul étendant les bras vers le coupable dit d'une voix pénétrée :

— Cet homme ne relève plus maintenant que de la justice de Dieu !

FIN

TABLE

I. Le caissier de la maison Ranaau............ 4
II. La mère du condamné.................... 23
III. Le captif de Tunis..................... 45
IV. Le Témat............................. 69
V. Robin Grivot.......................... 91
VI. Le mercier de Brignoles................. 109
VII. La première sœur de charité............. 135
VIII. Le numéro 2918...................... 167
IX. Les gorges d'Ollioules................... 187
X. Le galérien........................... 203
XI. Louis le Juste......................... 231
XII. L'aveu.............................. 261

Paris. — E. DE SOYE et FILS, imprimeurs, place du Panthéon, 5.

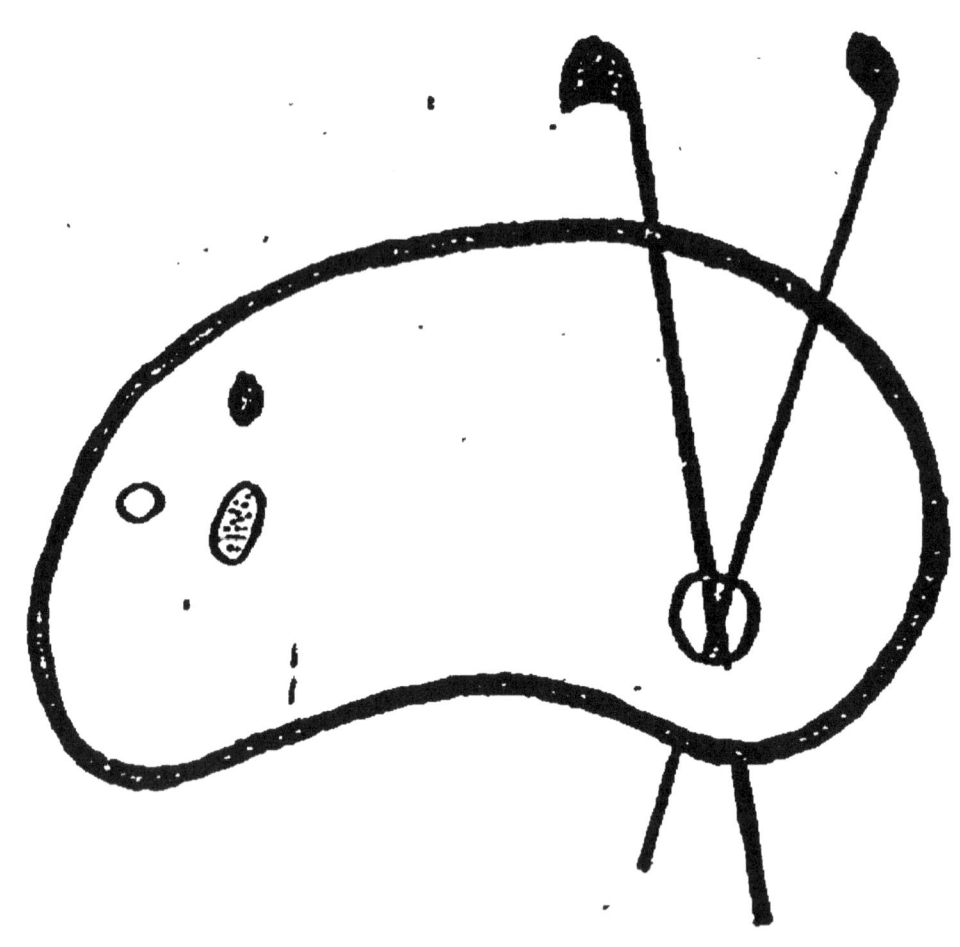

ORIGINAL EN COULEUR
NF Z 43-120-8

www.ingramcontent.com/pod-product-compliance
Lightning Source LLC
Chambersburg PA
CBHW050637170426
43200CB00008B/1051